村上政博
Masahiro Murakami

# 独占禁止法 新版

## ——国際標準の競争法へ

岩波新書
1638

# はじめに——公正な自由主義経済のために

## 続く談合の摘発

地方自治体が発注する建設工事において、発注者側がすべての落札業者を決定して落札させたという純粋官製談合事件が、続々と摘発されている。二〇〇四年七月には新潟市発注の土木建設工事をめぐる談合で、建設会社一一三社に排除勧告がなされた。鹿島、大成建設など大手ゼネコンも対象となっており、大手ゼネコンに対する排除勧告としては、一九九二年の埼玉土曜会事件以来一二年ぶりになる。新潟市幹部の関与も濃厚だったとして、前年の北海道岩見沢市に引き続き、官製談合防止法に基づく改善措置を公取委は同市に求めた。

さらに、旧郵政省による指示があったとして争われている郵便番号自動読取区分機の入札談合では、二〇〇四年六月に東芝に二一億七〇〇〇万円、ＮＥＣに二〇億四〇〇〇万円の課徴金の納付が命じられている。

二〇〇六年一月の課徴金減免制度導入に伴い初めてカルテル規制が実効性を持つことになっ

た。その後、日本の代表的企業からの申告を受けて、鉄鋼、化学業界などでのカルテルの摘発が進んだ。ゼネコンは談合決別宣言を行い、業務屋と呼ばれた談合担当者の配置転換を一斉に実施した。

しかし、現在でも、北陸新幹線消融雪設備工事、東日本復旧工事談合事件等の建設談合の摘発が行われ、かつ刑事告発の対象となっている。

入札談合は、競争入札制度に反して落札価格を高止まりさせ、国民の税金を浪費する。それは、自由な競争を通じて業界の効率化、高度化を実現しようとする独占禁止法の目的に反する。たとえば、地方の中小建設業者間の入札談合でさえ、地場の優良企業の育成を阻害するのである。

ところが、地方に行くほど談合は、業界で倒産業者を出さないために公平に仕事を回しあうシステムだというわけで、必要悪としてとらえられている。また、地方では公共工事が社会福祉事業の性格を帯びていることが多いといわれ、地方経済の活性化や地域の雇用維持のためにも談合は必要悪と主張される。ダンピング防止を名目に最低制限価格制度などを用いた落札価格の引上げや、地場の災害協力企業や優良企業などを指名入札などで優遇する仕組みも採用されている。

談合廃止は、地方にとって「痛みを伴う構造改革」と似ている。地方への公共事業のばら撒きを止めて、競争原理によって当該業界の効率化を図ろうとすると、建設業者等が淘汰されたり、過疎地などでの経済活動の縮小も覚悟せざるをえなくなるからだ。そのバランスが難しい。

**国際競争力と大型水平合併**

自動車、電気・電子産業での日本企業の海外進出が盛んなように、海外からの日本国内への投資も盛んになってきている。外資企業、日本ベースの多国籍企業を問わず、英語で仕事を行わざるをえない者の数は増大している。日本企業は、欧米の多国籍企業や低賃金の韓国・台湾等の企業と競争している。たとえば、先端産業分野でも、バイオ産業や医薬品産業では欧米の企業が強く、液晶パネル、プラズマパネルでは韓国、台湾の企業が強く、日本企業の集約化は避けられなくなっている。

国内市場規模を勘案すると、各分野で国際市場で生き残れるのは、欧米でそれぞれ三、四社程度、日本で二社程度、韓国で一社程度といわれる。実際に各地域市場で、そのような方向に進んでいて、日本では、日本製紙と大昭和製紙の事業統合や新日鉄と住友金属工業の合併が公取委に承認された結果、製紙業界は王子製紙と日本製紙、鉄鋼業界は新日鉄住金とＪＦＥスチール（旧日本鋼管＋旧川崎製鉄）の二強市場となった。

金融業界でも、興銀、富士銀行、第一勧業銀行の経営統合による「みずほホールディングス」の誕生、住友銀行とさくら銀行の合併による三井住友銀行の成立、東京三菱銀行とＵＦＪ銀行の経営統合、と大型合併が進行している。

航空会社ＪＡＬ（日本航空）とＪＡＳ（日本エアシステム）の経営統合は、航空運賃にかかわるものであるため、国民の関心を集めた。ＪＡＬ・ＪＡＳとＡＮＡ（全日空）の二社体制になると、それまでの三社体制よりも、運賃引下げ競争を減少させるのであって、利用者にとって、短期的には競争上のメリットはない。国際航空市場で長期的に生き残れるのはＪＡＬとＡＮＡの二社であると予想されたこともあって、ＪＡＬ・ＪＡＳの経済統合（二〇〇二年）を公取委も結局認めざるをえなかった。

その当時からＪＡＳは単独では生き残れない経営破綻企業であって、実質はＪＡＬによる救済合併であると噂されていた。その後ＪＡＬ本体が経営破綻に陥ったことはこの見方を裏付けるものであった。

## 国際的な事業活動と競争法

最先端技術分野での世界に冠たる独占企業は、伝統的に事業活動が最も自由に行える米国市場から生まれてきた。写真フイルム分野のコダック社、普通紙複写機分野のゼロックス社、コンピュータ分野のIBM、通信分野のAT&Tなどである。それらの独占企業に対して、その当時最強の競争当局である米国司法省が企業分割などを求めて提訴を行い、米国裁判所を舞台に熾烈な法廷闘争を繰り広げてきた。

パソコンにおいて、マイクロソフトの基本ソフト「ウィンドウズ」とインテルのCPU(マイクロプロセッサー。中央演算装置)が、世界的規模で独占的地位を占めた時期には、米国競争当局を筆頭にはじめて主要国の競争当局が一斉にその取り締まりに乗り出した。

いずれの国においても、パソコン用基本ソフト市場で支配的地位にあるマイクロソフトが基本ソフト「ウィンドウズ」とインターネット検索ソフト「エクスプローラ」を抱き合わせたことや開発者に対してパソコン用基本ソフトに係るインターフェイス情報の提供を拒絶したことが問題とされた。パソコン用CPU市場において支配的地位にあるインテルが、ライバルであるAMD(アドバンスト・マイクロ・デバイセズ)社の事業活動を妨害するためリベート等の提供を通してパソコンメーカー等に自社製CPUを優先的に購入させていたことが問題とされた。

ところが、近年では世界規模で独占力を獲得した、検索ソフト分野でのグーグル、携帯電話用集積回路分野のクアルコム、ネット販売分野でのアマゾンなど米国ベースの独占企業に対しては、米国競争当局は動かず、欧州委員会を先頭に中国、日本を含む主要国の競争当局が取り締まりに乗り出している。その典型例として、欧州委員会は、検索連動型広告・インターネット広告分野や携帯端末向け基本ソフト分野「アンドロイド」で市場支配的地位を有するグーグルが、検索・地図などの自社アプリと抱き合せたり、自社のショッピングサービスや広告配信サービスを優先的に利用させたりしたことを問題としている。

他方、国際カルテルをみると、近年米国司法省を中心に、半導体DRAM、ブラウン管、液晶パネルなどアジア地域における部品価格カルテルの摘発が続いた。

二〇一〇年二月に米国司法省、欧州委員会、公取委によるワイヤーハーネスについての一斉立入検査により、多数の自動車部品に係るカルテルの摘発が開始された。この自動車部品カルテルは矢崎総業など日本メーカー中心で実施され、世界各国で高額の制裁金の支払いを命じられた。

とくに、米国では司法取引により、日本企業に対して刑事罰金が科せられたほか、その従業員に平均でも二か月弱の禁固刑が科せられた。二〇一四年ごろには年間二〇ないし三〇名の日本に居住する従業員があえて米国に赴き米国刑務所に収監され、服役する事態になった。さらに、三倍額損害賠償請求を提訴されて日本企業は高額な金額での和解を余儀なくされた。このように、国際カルテルに対する重罰化が進み、そのリスクの大きさはだれの目にも明らかになっている。

また、企業活動の国際化が進んだため、異なる国に拠点を有する企業同士の国際企業結合はもちろんのこと、同じ国に拠点を有する企業同士の大型企業結合でも数多くの競争当局の事前審査を受けることは珍しくなくなった。そのため、大型企業結合を実現するためには、多数の国の競争当局審査を同時に受け迅速に承認を得ることがきわめて重要になっている。たとえば、日本を拠点とする企業同士の企業結合である、新日鉄・住友金属工業合併事案、パナソニック・サンヨー買収事案(リチウム電池市場で両社とも世界で高い占有率を有していた)でも、完了までに一〇か国以上の競争当局の事前審査を受け事前承認を得る必要があった。

以上のように、独禁法は自由主義経済における事業活動の基本ルールを定める法律であるが、そこでのルール適用は経済環境に応じて変化していかざるをえず、そして日本経済への影響が大きくなればなるほど、その的確な運用が求められる。だが、その舵取りは容易なことではない。

この本では、まず序章で私の体験に基づき公取委の仕事を紹介し、第一章で国際的な動向を包括的にまとめ、第二章で独禁法が有名無実化した時期と徐々に競争法として活性化していく時期の動きを解説する。

第三章でここ一〇年間に実現した三回の改正内容を詳しく解説する。第四章では今後の課題を取りまとめながら、現行ルールを体系的に解説する。最後にこれまでの個人的体験や取り組みを踏まえながら今後の見通しについて説明しておきたい。

# 目　次

# 序章　「独禁法の番人」公取委の仕事――私の勤務体験から

## 七年間の役人生活

私は、一九八三年七月から一九九〇年三月まで約七年間、公取委において役人生活を送った。国家公務員法の定める「選考」という制度によって、公取委事務局に入局したのである。はじめに、その経験を踏まえて公取委の組織と仕事を説明したい。

公取委は、委員長と四人の委員で構成される独立行政委員会である。独禁法を所管し、執行する権限を有する。現在委員長は財務省出身者から選ばれ、四名の委員は法務省出身者、公取委事務局出身者、学識経験者（学者出身）、裁判官出身者から選ばれることが多い。

委員会は合議によって意思決定を行う。合議は通常二時間単位で午前一回、午後に二回程度行われる。アメリカの連邦取引委員会の意思決定では表決が行われ、四対一、三対二というような結果が公表される。さらに、決定に反対した委員の少数意見が記載されることもある。委員長が少数意見になる例さえ見られる。これに対して日本では、全会一致風に終わり、明確な表決による意思決定は行われないことが多い。委員長の発言力が強く、その意思が通らないことは想定しにくい。

### 役所としての公取委

私が勤務していた当時、事務局は、事務局長のもとに、官房(三課二室体制)と、審査部(五課二室)、経済部(四課二室)、取引部(四課一室)の三部がおかれていた。事務局の職員数は、地方事務所も含めて、五〇〇名弱である(一九九〇年)。

現在では、事務局は、事務総長のもとに、官房(三課二室)と、経済取引局(三課二室)、取引部(二課三室)、審査局(七課三室)、犯則審査部(二課)がおかれている。事務局の職員数は、地方事務所も含めて、八〇〇名強である(二〇一六年)。

公取委は、国家行政組織上、内閣府の外局であって、その内部運営は一般の行政官庁と変わらない。

すなわち、組織的には行政官庁と同様に職員が採用されて、キャリア制、年次制、終身雇用制の昇進システムが採用されている。職員は基本的に行政官であって、しかも、二、三年ごとに職を変わるために専門家として養成されず、ジェネラリストの管理職として養成される。そのため、行政官の常として、正式手続である審判や訴訟に持ち込まれることを嫌い、行政指導ベースで短期間に決着をつけることを好む傾向が強い。裁判で先例を創っていくことに生きがいを感じたり、さらにはそれが高く評価されるというシステムではないのだ。

これに対して、アメリカやEUの場合、日本の公取委にあたる競争当局では、秘書・事務員を除くスタッフは、弁護士、博士号を持つエコノミストで構成され、しかも、その最優秀の人材をリクルートしてきた。日本では、ようやく法務省から出向してくる法曹資格者や任期付で採用される弁護士の数が増えつつあるところである。

なお、私が公取委在職中についたポストは、順に、①審査部第二審査の審査専門官(主査)一年間、②審査部第一審査の審査専門官(企画担当)一年間、③経済部国際課の課長補佐(総括担当)一年間、④審査部第一審査の第一審査長補佐一年九か月、⑤審査部監査室長二年間、である。

では次に、役人生活を振り返りながら、事件処理の概要を紹介していこう。

## 立入検査と取調べ

独禁法上の事件処理手続とは、違反行為によって生じた違法状態を将来に向けて除去し、競争状態を回復することを目的とする「排除措置命令」(行政処分)を命じることを目標とする行政手続である。そこで公取委には、行政処分を目標とする調査のための強制処分権限が付与されている。

具体的にいうと、事件を調査するために職員がその事件についての審査官に指定される。審査官は、委員会の決定をうけて自己の判断で、つまり裁判官の令状を取らずに、関係者の事務所等に立入検査をかけるなど、強制調査権限を行使することができる。

立入検査は、事業者に事前に通知されずに、不意打ちの形で行われる。審査官は営業所の関連部署に立ち入り、ファイル棚、机、備品等の中身を検査し、文書を閲覧する。そのうえで審査官は、事業者に関連文書の原本の提出を命じて(提出命令)、それを受け取り、持ち帰る。

持ち帰った文書を検討した後、審査官は、事業者の役員、従業員などを呼び出し、「事情聴取」(供述録取)を行う。通常は基本的に任意の事情聴取が行われ、供述調書が作成される。事情聴取は、調査官が違反事実に関与した者から取調室(密室)で真実を問う、いわゆる取調べである。したがって、審査官の質問事項に制約はなく、違反事実の自認(自白)を求めてもよい。

実際にも、事情聴取は相手方に違反事実を認めさせること、いわゆる自白調書を作成する目的で行われる。弁護士は事情聴取に立ち会えない。

公取委は、「文書提出命令」、質問への「回答命令」、「報告命令」を発する権限も持っている。しかし、これまでは、報告依頼(任意手続)、報告命令は、事業者の組織、当該商品の流通経路(商流・物流)、生産・販売数量、金額などの関連事実(周辺事情)を報告させるものにすぎなかった。欧米のように、違反事実を立証するために、違反事実に関する事項について文書の提出を求める文書提出命令や、違反事実についての質問に回答を求める回答命令・報告命令を活用することは、なされていない。

日本では、法的措置を採る事件では立入検査が行われる。しかし立入検査はカルテル(競争者間の価格協定、数量制限協定、市場分割協定、入札談合をいう)のような密室で行われる行為を摘発するためには必要であっても、公然と実施される違反行為の調査にも必要であるのかについては疑問がある。公然と行われる違反行為かつ制裁を科さない行為、例えば独占企業による抱き合わせのような排除的行為等については、欧米では立入検査まで行わず、情報要求(文書提出命令・質問回答命令)と事情聴取によって事件を調査している。日本でも、違反行為を立証するために、違反事項にかかわる文書提出命令、報告命令を中心とした行政調査を実施していくことが今後の課題となろう。

**第二審査とは**

私が最初に所属した第二審査という課は、独禁法違反事件を審査(調査)するところだった。審査専門官(主査)は、割り当てられた個別事件について主任検察官に近い仕事を行う。すなわち、立入検査、事情聴取等を指揮し、措置を決定するための委員会報告を行うのである。

事件が生じると、まず各課、さらには三―六名からなる班に事件が配分される。事件は、事案の重大性、違法性から、「正式案件」と「簡易案件」に大別される。正式案件とは、強制調査権限を行使して調査し、法的措置を取るべき案件である。他方、簡易案件とは、任意調査を行い、警告、注意、打ち切りによって終了すべき案件である。したがって、正式案件の処理のほうに重点が置かれる。

当該事件の責任者となる審査専門官(主査)にとって第一の関門は、正式事案について予備調査を尽くして独禁法違反行為が存在する疑いを証明し、委員会から強制調査の行使権限を得ることである。次に審査専門官(主査)は、一〇〇名以上の審査部職員を動員する形で立入検査の計画を立て、それを指揮することになる。違反行為の証拠収集における立入検査の比重はきわめて大きい。その後、担当班で収集してきた文書を精査して、事情聴取、報告依頼などの審査計画を立てて実施する。相手方の大企業の役員や管理職は、取調べなど経験したことがないためにストレスも大きく、威圧的に感じるかもしれないものの、身柄拘束もできないために、検察・警察の取調べと比べると実際には緩やかなものである。

なお、現在では、カルテル事件審査は課徴金減免申請に基づいて行われ、いわゆるピンポイント的に実施される。そのため、立入検査による証拠収集の比重は以前ほど高くはない。

**第一審査と審判手続**

私が在職していた当時は、第一審査が審査部の筆頭課であって(現在では審査企画課)、審査部全体の管理・総括業務を行い、個別事件は取り扱わなかった。

第一審査の審査専門官(企画担当)の主な職務は、審査事件報告書に目を通し、審査事件における審決書や警告書などの記載事項を、過去の先例、証拠等に照らしてチェックしていくことである。審査が行われてきた独禁法違反事件のいわば出口、最終段階の部分に関与する。すなわち、審査が終了した事件は、審査部長レク(レクチャー、説明)、事務局長レク、委員会審議にかけて、違反事実を認定する証拠の有無、相手方の対応、法律上の問題点が検討されて最終処理方針が決定される。したがって、私はこの間、職務上すべての審査事件について審査部長レク、事務局長レク、委員会審議に出席することができた。ちなみに、勧告書、警告書の記載文言は、法的評価が加わった表現がなされるのであって、生の事実をそのまま記載するものではない。

私は第一審査に在職中、審判の立会審査官を体験した。証拠を審判廷に提出し、参考人尋問を行うなど、違反事実を立証していくのが立会審査官の役割である。基本的には、民事訴訟の第一審の原告代理人弁護士と同じ役割である。ただし、相手方企業の代理人弁護士が、訴訟一般と同様に裁量権をもって臨機応変に発言し対応できるのと比べて、立会審査官は事前に発言内容や対応方針が決まっており、その範囲でしか発言できないため、非常に不自由な思いをした記憶がある。

**総括業務**

経済部国際課と審査部第一審査における総括補佐を務めたときは、典型的な総括業務を行った。その中心は、調整、取りまとめ業務である。

内部的には、関連情報の伝達、委員会・部・課内における意見統一などを行う。

外部的には、他省庁など外部組織との、さらには委員会内の他部、他課などとの交渉窓口になる。具体的には、他省庁折衝、国会質問・議員説明などの国会対応、マスコミ対応のほか、予算・組織(定員)に関する作業がこれにあたる。

また、どこの部署の所管にも属さない業務は総括の仕事となる。さらに、必要に応じて、自己の所管内の仕事を直接支援することも総括の仕事になる。このような総括業務を的確にこなしていくためには、所管の業務についての専門知識・情報を有しているほか、組織全体、国政全般の動きについても熟知する必要がある。このために総括班に関連情報を集中させるシステムをとっている。

経済部国際課は、届出された国際契約の審査を中核的な日常業務としていたが、その他に知的財産権、ライセンス、国際航空や国際海運関係も所管していた。役人生活の中では、個別案件を処理できたこともあり、この期間が一番楽しかった。

これに対して、第一審査長補佐(総括担当)では、ほぼ総括業務、雑務に専念することになった。また、職務上、全局的な動きを把握するため、審査部案件のみならず、すべての委員会案件の資料に目を通すことになる。

## 端緒処理

違反審査事件については、いわば入り口の部分にあたる端緒処理、事件配分などにも関与した。公取委の実務は、検察や警察の行う調査と変わらず、また欧米での端緒処理とも大差ない。

事件の端緒は、申告(報告)と職権探知とに大別される。件数的には広義の申告に基づく方がはるかに多い。

これは、談合情報のように、内部対立に絡んで内報者から寄せられるものや、競争相手または取引相手から申し立てられるものである。申告には、代理人弁護士によって多数の資料や鑑定意見書までつけてなされるものから一枚の紙で済ませるものまで、いろいろある。いずれにせよ、申告者名を明記してなされる申告については、申告者から事情聴取して、その違反被疑事実や信憑性を調査することになる。実際には、匿名の申告もかなり寄せられる。その場合、申告内容や追跡調査から、その真偽や申告者が誰であるのかを判断していくことになる。同一被疑事実について複数の申告がなされると、それだけ嫌疑は濃くなる。カルテル情報については、当該業界の実態や価格動向を分析することで申告内容の真偽が判明するものも多い。もちろん、申告者の身元は常に秘匿することが肝要である。

審査局内の端緒会議では、違反の嫌疑の強さとともに、その案件の社会的・経済的価値や重要度を判断して、さらに内偵・予備調査を進めた上で、強制調査権限を行使し、法的措置を目指すものと、関係者を任意ベースで呼び出して警告、注意などの行政指導等で終了するものを選別し、それらの事案を各課に配分する。

## 監査室長として

私が最後に所属した監査室は、いわゆる内部監査を担当するのではなく、すでに措置した事件についてのその後の状況把握とフォローアップ(追跡調査)やその経済効果の分析を主な業務とした。この時代の記憶に残る事件として、ソーダ灰輸入制限カルテル監査事件(一九八八年)と内外価格差の調査案件がある。

ソーダ灰は、苛性ソーダと並んで、化学工業の基礎原料となるものであるが、日本企業が合成で製造していたのに対して、天然灰であるトロナ灰のアメリカ側輸出業者は価格競争力で優位に立ち、輸出攻勢に出ていた。そんな中で起きた輸入制限カルテルは、日本メーカーと商社が安定した輸入体制の形成を名目に実施したものであった。輸入制限カルテルの摘発直後、トロナ灰の輸入量は増加したが、その後、輸入量はそれほど増えず、アメリカ側から日本国内での輸入制限行為があると指摘されていた。問題となったのは、日本メーカーが取引先に対して、アメリカの輸出業者から低価格の提示があった場合に通告させてその価格まで自己の価格を引き下げていた行為であった。そのような行為は反トラスト法上も競争的対抗価格の抗弁があって許されており、その販売価格が原価割れでもしない限り独禁法違反とまではいえない、というのがその当時の結論であった。

また当時、内外価格差が大きな問題となっており、私もゴルフボールなどの調査を担当した。日本でもアメリカでもゴルフボールの製造原価にそれほど違いはなかったが、その販売価格は広い範囲に分布していた。しかし、アメリカ製、日本製を問わず、日本では高価格で売られているゴルフボールがアメリカでは低価格で売られていた。すなわち、日本では高価格のゴルフボールしか売れず、アメリカでは低価格のゴルフボールしか売れなかったのである。ゴルフは、アメリカでは一回のプレー代が数千円の大衆レジャーである。これに対して日本では高級スポーツとみなされていて、一回のプレー代も数万円かかる。しかも、アメリカ人はプレー代やゴルフボール代を自前で払うのに、その当時、日本では交際費で賄われることが多かった。そのため、アメリカ人は安いゴルフボールしか買わないのに対し、日本人は高いゴルフボールを好んで買っていたのである。何とか独禁法を適用できないかと検討したが、この種の文化慣行は法律では処理できないという結論だった。

私が公取委に勤務した時期は比較的平穏な時代であった。しかし公取委を去った一九九〇年は日米構造問題協議が本格化する時期にあたり、これ以降、独禁法改正が続くことになる。

# 第一章　市場とルール

## ——米国・ＥＵの動向を見る——

## 1 競争ルールとは

### 競争法と国際共通ルール

市場の自律調整機能を信頼し、その競争機能を活用しようとする政策を「競争政策」という。競争政策を実行するための法体系は「競争法」と呼ばれ、日本では独占禁止法(正式名称は「私的独占の禁止及び公正取引の確保に関する法律」、以下、「独禁法」)がそれに該当する。国際的には、米国反トラスト法とEU競争法が二大競争法体系と見られており、これらは周辺諸国に大きな影響を及ぼしているうえ、体系やルールがきわめて似かよっている。このため、この二つの競争法のルールが国際的事業活動のルールとして定着する勢いにある。

ちなみに、競争法というのは基本的に各国の国内法だから、国際法上のルールに比べ実効性が確保されている。そこで、先進国間で競争法上のルールの調整が進んでいくと、国際法ではなく競争法が国際的事業活動において最も有効なルールとなっていくのである。

**事後規制と事前規制**

競争法は、①水平的制限規制、②垂直的制限規制、③単独行為規制、④企業結合規制――と四つに分類するのが通例で、国際的に受け入れられている競争法体系を系統図にまとめると、次頁の図の通りである。

競争法上の規制はまず、「事後規制」と「事前規制」とに大別される。歴史的には、事後規制がすべてという時代が長く続いたのであって、事前規制が一部に採用されたのは一九七〇年代からである。

事後規制は、一定の行為を禁止したうえで、違反が認定された場合に、違反行為を排除し、違反者にペナルティ（制裁）を科すものである。

これは、「共同行為」規制と「単独行為」規制とに大別される。

共同行為規制は、独立した複数事業者間の取決めを規制するもので、通常、独立事業者間の競争制限的な目的または効果のある取決めを禁止する。

さらに、共同行為規制は、「水平的制限」規制と「垂直的制限」規制とに大別される。水平的制限規制は、競争関係にある事業者間の取決めを規制するのに対し、垂直的制限規制は、原材料供給業者↓製造業者↓販売業者、という垂直的関係にある事業者間の取決めを規制する。

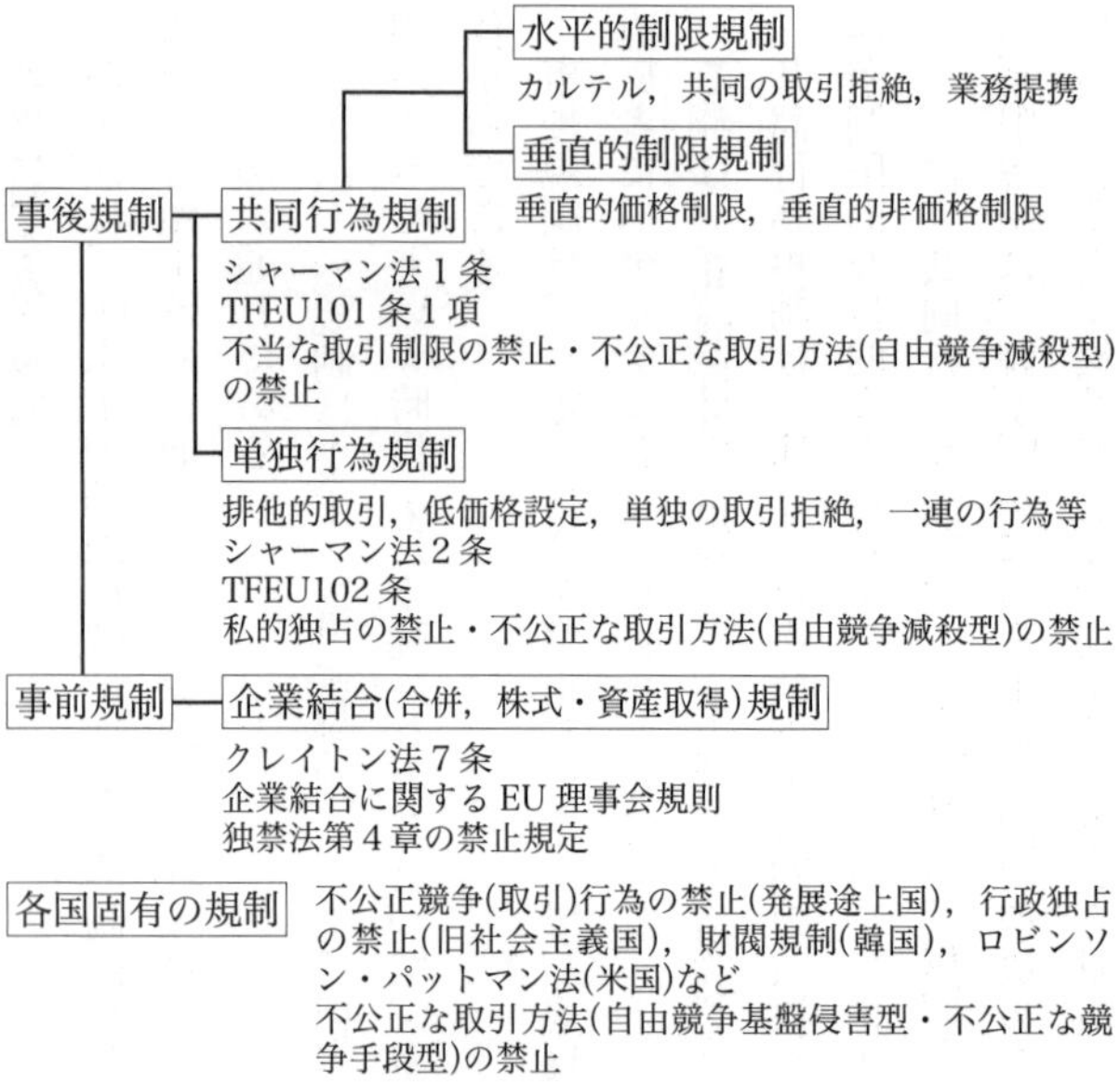


競争法の体系

なお、共同行為に該当する行為のうち、共同して特定の取引相手との取引を拒絶するという「共同の取引拒絶」は、多様な実施形態があるため、水平的制限、垂直的制限のいずれか一方に分類することはできない。

競争法の各規制については、さらに細かな行為類型ごとにルール(違法性基準)が定められているが、今日ではそれらのレベルのルールについても国際的な合意がある。

### 共同行為と単独行為

競争関係にある事業者間の水平的取決めは、競争を制限しかつ経済効率の実現にも寄与しないことから違法と評価される「当然違法型」の行為類型と、内容、目的、市場支配力、効果(競争促進効果と競争制限効果)などを分析して競争法上の評価を決定する「合理の原則型」の行為類型とに大別される。

当然違法型の水平的取決めには、価格協定、数量制限協定、市場分割協定(販売地域・顧客割当協定)、入札談合などが該当する。これらが「カルテル」と呼ばれる。個別に違法性が判断される合理の原則型の水平的取決めには、情報交換活動、共同生産、生産特化(生産集中——製品ごとに担当生産者を割り当てる)、共同研究開発、規格統一(標準化)などが該当する。

垂直的関係にある事業者間の取決めは、当然違法型の垂直的価格制限(再販売価格維持)と、合理の原則型の垂直的非価格制限とに大別される。垂直的非価格制限については、垂直的販売地域制限、垂直的取引先(顧客)制限、販売方法制限に分類される。

次に、単独行為規制は、独占力や市場支配力など、関連市場において大きな力をもつ事業者の行為を規制する。主に、高い市場占有率をもつ事業者が、著しい低価格販売により弱小競争者を市場から駆逐するなど、その力や地位を不当に維持し強化する行為を行うことを禁止するのだ。このように、「単独行為」といっても、単一行為を意味するものではなく、市場支配的事業者が単独の意思により行う一方的行為を指す。

この単独行為規制については、まず市場占有率(シェア)が四〇%を超えると、市場支配力(マーケット・パワー)があるものと推定される。そこでの「略奪的価格設定」「差別的価格設定」と呼ばれるような低価格設定、排他的取引そして抱き合わせに該当するような自己とのみ取引させる(広義の)排他的取引、単独の取引拒絶が、代表的な濫用行為である。

低価格設定については、原価(平均総費用)、平均変動費用(平均総費用マイナス平均固定費用)を下回っているか否かが違法性の基準となる。単独の取引拒絶については、取引先選択の自由との兼ね合いもあり、取引を強制することが公平だとされる例外的事情でのみ違法となる。このほか、単独行為規制では、多様な行為を一括して市場支配的地位の不当な維持・強化行為(または濫用行為、排除的行為)と認定することが行われる。

**企業結合**

一方、事前規制では、競争当局が行為完了前に審査を行い、何らかの措置を講じるか否かを決定する。この事前規制は、通常、事前届出制を伴う。

企業結合については、専ら事前規制が行われる。すなわち、一定規模(当事者の事業規模や当該取引の評価額により定める)以上の合併・株式取得・資産取得については、事前届出義務を課して、競争当局が事前にその企業結合による事業単位・競争単位の減少の影響を審査し、市場構造分析を行うのである。この企業結合は、①競争関係にある事業者間の「水平型結合」、②垂直的関係にある事業者間の「垂直型結合」、③異業種の事業者間の「混合型結合」――に三分されるが、競争法上は、主に水平型企業結合が問題となる。

水平型結合への規制では、その企業結合が市場支配力の形成・強化をもたらす場合（独占規制的アプローチ）、または、寡占的協調行動をもたらす市場構造を成立させる場合（寡占規制的アプローチ）に、差止めや営業譲渡等の措置が命じられる。ただ、現実に措置がとられるものは、競争事業者間の水平型結合にほぼ限られる。また、企業結合に対する規制では、実体的な規制基準のほか、事前規制ゆえに事前届出での様式やその内容、事前審査での効力停止期間と審査期間が大きな意味をもつ。

なお、知的財産権の行使をめぐっては、その行使が絡む行為に当該知的財産権の趣旨・特質を勘案しながら、競争ルールを適用していくことになる。

## 2　競争法の歴史的展開

### 米国反トラスト法とＥＵ競争法

米国の反トラスト法(一八九〇年制定のシャーマン法)が世界最初の競争法であって、競争法はせいぜい一〇〇年余りの歴史をもつに過ぎない。世界の先進国で競争法が本格的に施行され出したのは一九八〇年代後半以降の現象であって、さらに発展途上国も含めて競争法が広まったのは最近の現象である。

反トラスト法は、当初、執行が弱く、企業活動にそれほど影響を及ぼさなかった。基本的枠組みが確立し、本格的に施行され出したのは、一九四〇年代からであった。そして、一九五〇—六〇年代には、最も厳格な競争ルールが形成されて、海外における行為にも積極的に域外適用された。だが、この当時、実効性のある競争ルールが実施されていたのは米国のみであったといえる。

シカゴ学派の洗礼を受けたといわれる一九八〇年代以降、判例法による現行の競争ルールがほぼ確立し、そのルールは極めて安定しているが、このシカゴ学派の勝利については、次節で考えよう。

一九五八年に発効したローマ条約中の競争法規が、欧州の競争法である。当初はEEC(欧州経済共同体)競争法、一九六七年以降はEC(欧州共同体)競争法、一九九三年以降はEU(欧州連合)競争法と呼ばれる。本書では一般に「EU競争法」を用いるが、一九九三年以前であることを意識する場合は「EC競争法」を用いる。その判例法が形成されてきたのが一九七〇年代からで、積極的な違反事件への取り組み、一括適用免除規則制定による細かなルールの設定、企業結合規制の開始などで本格的な競争法として発展してきたのは一九八〇年代からであった。国際的に実効性のある競争法として、シカゴ学派の洗礼を受けた後の米国反トラスト法と並び称されるようになったのも一九八〇年代からであった。ただし、EU競争法における現在までに至る道も決して平坦なものではなかった。

企業結合規制については、一九九〇年代からEU独自の規制が開始されたが、二〇〇四年に今日の独禁法のモデルとなった届出後事前審査制に移行した。企業結合規制のルールについても、二〇〇四年の水平型企業結合ガイドライン、二〇〇八年非水平型企業結合ガイドラインによって経済理論を活用した企業結合ルールに移行した。

事後規制は、競争制限的協定等を禁止する規定に基づく共同行為規制と市場支配的地位の濫用行為を禁止する規定に基づく単独行為規制に分かれる。共同行為規制では、適用免除規定の運用に苦心してきた。最終的に欧州委員会は個別適用免除を廃止して、一括適用免除についても市場占有率三〇%以下の事業者に適用することとしてその存在意義を軽減させて、競争制限的協定等を禁止する規定を中核に法執行を行っている。

単独行為規制は、二〇〇五年の「ローマ条約八二条の排除型濫用行為に関する議論用ペーパー」の公表から、単独行為の行為類型ごとにルールを定める二〇〇九年「EU競争法上の排除型濫用行為についての指針」の公表を経て、市場支配的地位の濫用行為の禁止を単独行為規制の基本禁止規定と位置づけた。

この間、競争ルール執行に関する二〇〇三年理事会規則により手続を抜本的に改めるとともに、加盟国競争法との関係でEU競争法の優位を確立した。

EU競争法制が優れている点は、事後規制において、自動的に行為類型ごとの単一ルールを設定(保障)するところにある。

米国反トラスト法でも、シャーマン法を執行する司法省と、連邦取引委員会法を執行する連邦取引委員会とは、共同して、共通のガイドラインを作成して、意図的に行為類型ごとの単一ルールを設けている。反トラスト法上も、事後規制については、シャーマン法、クレイトン法、連邦取引委員会法という適用法条によって実体ルールに差異はない。かくして、二〇〇〇年代には、行為類型ごとの単一ルールしか構築できないことが国際的に明らかになっている。

## 主要国の競争法

日本の独禁法およびドイツ競争法は、それぞれ一九四七年と一九五七年に制定されており、競争法の歴史上、比較的早い。

一九六〇—七〇年代を通じて、実施されている(実効性を有する)競争法は少なく、当時、反トラスト法、EC競争法、独禁法、ドイツ競争法が、国際的に影響力のある競争法とされた。

独禁法およびドイツ競争法において、行為類型ごとの違法行為は、大陸法系の伝統に従い反トラスト法およびEC競争法より詳細に規定されている。両法は、一九五〇—六〇年代には世界的な標準と評価された、カルテルの全面禁止等の反トラスト法のルールについて、多少懐疑的ないし否定的であった。たとえば、カルテルの禁止、再販売価格維持の禁止および企業結合規制に関して数多くの適用除外を設けている。

また両法は、今日、国際的共通ルールと認められる基本体系およびルールからみると、それぞれ欠点を持っている。

独禁法の場合、事後規制に関して重複規制になっている。これは反トラスト法をそのままコピーする形で不公正な競争方法の禁止を規定したことに由来する。その結果、大多数の違反行為(共同行為および単独行為)は、三条(私的独占又は不当な取引制限の禁止)および不公正な競争方法の禁止を受け継いだ一九条(不公正な取引方法の禁止)により重複して規制される。たとえば、低価格設定、排他的取引、垂直的制限などは、三条と一九条のいずれによっても規制可能である。さらに、不公正な取引方法の禁止は、一九五〇—六〇年代に、下請法など「優越的地位」の濫用に基づく日本特有の規制を生み出した。現在では、その後の判例法の展開によって、反トラスト法上のルールとほぼ同様な競争ルールを確立している。

ドイツ競争法の場合、市場支配的地位の濫用禁止規制と企業結合規制が、特定の上位企業集中度に基づく市場構造とつながる寡占規制として密接に結びついている。この制度の下で、特定の上位企業集中度に達する企業結合は違法と推定される。単独行為に関する濫用規制と企業結合規制とは、基本的に別個の規制であり、明確に区別されることが望ましい。これも今日の実務を見ると、ドイツ競争法の下で、ドイツのカルテル庁は、米国やEUと大差ない企業結合規制を実施していると評価されている。さらにドイツ競争法は、不況カルテル・合理化カルテル等、カルテル禁止について多数の適用除外を規定し、企業結合について経済大臣による特別承認を規定している。この企業結合の特別承認制により経済大臣は、カルテル庁により禁止される企業結合を承認することができるのである。

このように、一九七〇年代までは、反トラスト法が最も有力な競争法であったとはいえ、各国競争法の独自性やそれによる多様性も許される時代であった。

一九八〇年代中頃から、その他の主要先進国でも競争法が本格的に競争法として施行され始めた。

カナダの競争法が本格的に施行されたのは、一九八六年の大改正以後である。日本の独禁法が競争法として展開し始めたのも一九八〇年代中頃である。オーストラリアや韓国の競争法が本格的に施行されたのは、一九九〇年代中頃からである。また、一九九〇年代後半に、イギリス、フランスをはじめ、ＥＵ加盟国の競争法がＥＵ競争法の実体規定に合致するように改正される動きが目立った。このように、日本の独禁法が一九八〇年代から競争法として展開してきたことは、国際的に見てそれほど遅いわけではない。

### 発展途上国とアジアにおける競争法

二〇〇一年から開始されたＷＴＯのドーハラウンドで、ＥＵ、日本の支持を得て「貿易と競争」が交渉対象項目の候補となった。その後、競争法の整備支援のために多額の援助が行われ、発展途上国における競争法の普及や制定作業を急速に促進した。

発展途上国の包括競争法では、競争制限的な目的・効果を有する協定等を禁止する禁止規定、市場支配的地位の濫用行為を禁止する禁止規定、企業結合規制からなるＥＵ型の競争法制が国際標準の競争法制として採用されている。

これに対して、アジアでは、日本の独占禁止法は、早すぎた競争法の制定（一九四七年）に由来して、不正競争法的に運用してきた不公正な取引方法の禁止を中心に法執行を行い、一九八〇年代までに国際的にもきわめて独自なルールを形成した。さらに、韓国競争法が、一九八〇年にアジアにおける二番目の競争法として制定され、台湾競争法が、一九九一年にアジアにおける三番目の競争法として制定された。当然のことながら、いずれも実体法については、不公正な取引方法の禁止を中心とする独禁法をモデルとして採用した。世界の競争法のなかでも、競争ルールについて二段階の違法性基準という考え方を残しているのは、日本、韓国、台湾の競争法だけである。そのため、国際的には二〇世紀を通じてアジアではきわめて独自の競争法が執行されていると評価されてきた。

その後の経緯を追うと、一九九九年にタイ競争法が制定・施行されて、同年にインドネシア競争法(二〇〇〇年施行)が、二〇〇四年にベトナム競争法(二〇〇五年施行)とシンガポール競争法(二〇〇六年に大半が施行)が、二〇〇七年に中国競争法(二〇〇八年施行)が制定された。大まかにいうと、タイ競争法とベトナム競争法では競争法違反行為と不正競争法違反行為の双方を禁止するが両者を一応分離している。シンガポール競争法、中国競争法では、国際標準的な競争法制を採用している。

アジアの二大大国の競争法をみても、中国競争法は、独占的協定の禁止、市場支配的地位の濫用の禁止、企業結合規制を三本柱とし、インド競争法(二〇〇三年制定)は、反競争的協定の禁止、市場支配的地位の濫用の禁止、企業結合規制からなる。

このように、二〇一〇年に中国が世界第二位の経済大国となったこと、中国とインドの著しい経済発展を踏まえて、アジアが今後の競争法の行方を決定する主戦場となっているが、すでにアジアでも国際標準の競争法体系が確立し、今後判例法として国際標準の競争ルールを確立していくことが課題となっている。

## 3　シカゴ学派の勝利——今日のルール

### ハーバード学派とシカゴ学派

現代の競争ルールの確立にあたっては、一九七〇年代に、シカゴ学派の勝利といわれる、競争政策、競争ルールについての一大転換があった。

一九五〇—六〇年代は、米国の反トラスト法が国際的に唯一、実効性ある競争法制であった。当時の米国では、独占規制と寡占規制について、企業分割による構造規制(付随的に厳しい企業結合規制)を志向するハーバード学派が主流を占めた。厳しい垂直的制限規制を唱えるなどポピュリスト(大衆主義)的色彩を強くもち、反トラスト法一〇〇年の歴史の中でも特異な時期であったといえよう。第二次大戦後に制定されたEC競争法や独禁法は、反トラスト法を参考としながら、運用を開始した段階にあった。

ところが七〇年代中頃から、競争法上のルールは急速に大きく変わった。反トラスト法上、寡占に対してはカルテル規制、独占に対しては特定の行為の排除を命じる「行為措置」で対処し、企業結合規制と垂直的制限規制を緩和する方向に動いたのである。主に、市場メカニズムと経済効率を至上命題とし、経済分析を重視するシカゴ学派の影響である。同時に八〇年代以降、EU競争法が欧州市場統合の進展に合わせて、シカゴ学派の考え方を取り入れていった。

## 寡占対策をめぐる論争

寡占対策をめぐる論争こそ、いわゆるハーバード学派とシカゴ学派との主戦場であった。「寡占業界」とは、上位四―八社が五〇―八〇％の市場占有率を有している業界を言い、この点で一企業（ガリバー型企業）が通常六五％以上の占有率を有する「独占業界」と区別される。ここでの主題となる寡占的価格協調行動（以下、「協調行動」）とは、明示の協定なしに、各企業が共同の利潤が最大となるように価格を決めることで了解し、その了解を実行していくことを指す。この協調行動を、シカゴ学派の学者は「暗黙の共謀（tacit collusion）」、法律家一般は「意識的並行行為（conscious parallelism）」、またハーバード学派は「寡占的相互依存行動（oligopolistic interdependence）」と呼ぶが、意味するものは同じである。

ハーバード学派の立場は、一九六八年のニール・レポート（大統領特別諮問委員会の反トラスト政策に関する報告書）により集大成された。それは、売手集中度と利潤率との間には確固たる相関関係があり、また確かに参入障壁は存在するというもので、一九三〇年代以降、それまでの産業組織論の結論と、寡占的相互依存理論、すなわち寡占業界では各企業が自社生産量の市場に与える影響や競争相手の対抗措置を考慮するために相互依存関係を十分に認識して企業間協調を取り入れ、共同利潤を最大にするよう行動する、という理論とに依拠している。そして報告書は、上位四社集中度が六〇%を超える業界では、超過利潤が生じていると認定し、唯一の対策として企業分割という「構造措置」を提案している。

寡占業界でも各企業は、競争市場における企業と同様に行動しているのであって、競争相手の対応を無視して意思決定することを求めるのは不合理である。さらに、企業に原価での価格付けを求めるのも、その遵守を監督する能力のない裁判所に無理を強いることになり無意味である。すなわち、企業分割以外に有効な救済方法が存しないことを、構造措置を採る論拠とする。

このハーバード学派の見解は、一九七〇年代前半を通じ学界の主流を占め、寡占に対する有効な対策と考えられる企業分割という構造措置を実現させるため、寡占業界では各企業が独占力を共同して行使しているとし、分割への途をさぐる独占の共有論(shared monopoly)が唱えられ、また独立の立法によって企業分割を実施しようとする一九七一年分割法案や一九七三年分割法案が議会へ提出された。

## シカゴ学派の政策提言

これに対し、シカゴ学派は、協調行動を採るのには、各企業間で具体的にどのように行動すべきかに関しての意思の連絡とその実行を維持する手段が不可欠であると主張する。暗黙のうちに共同歩調をとることを約束するだけでは不十分であって、各企業が具体的にどう振る舞うべきか了解できなければならない。また、各企業の行動を監視し、ある企業が秘密の値引き等抜け駆けをするときには、制裁を科して遵守させることが必要である。

実効性を担保するための報復手段としては、増産により一時的に市場を水浸しにさせるとか、契約中に対抗的自動値引き条項を挿入する例があげられる。それならば、黙示の共謀による行動でも協定が成立したと認定することが可能であり、カルテル規制の強化によって協調行動に十分に対処できる、とするのがシカゴ学派の政策提言である。厳密に表現すると、シカゴ学派は、古典的価格協定と協調行動との間に質的差異を認めない。したがって、カルテルの抑止力となるのは、カルテルから得られる利益とカルテルが発見されたときに課される不利益との比較衡量の結果、より不利益が大きいという判断であるとの一般原則どおり、協調行動に対しても後述の経済学的証拠の活用によりカルテル認定を事実上容易にすることと、重罰を科すことで十分に対抗できると考えるのである。

また、ハーバード学派の産業組織論の結論に対しては、もともと寡占において、価格が競争価格から独占価格までの範囲のどこに決定されるのかについて解答はない上、実際にも、独占価格に近づくのは稀なことであり、売手集中度が高いことは協調行動が行われるか否かを決めるときの主要な要因の一つではあるが、絶対的な指標ではないと反論する。

そして、一九七〇年代の実証的研究の成果は、「統計的には、売手集中度と超過利潤との間に正の相関関係がある。ただし、その相関関係は極めて弱いものであるし、その利潤率格差を生む臨界的売手集中度については明確でない」との見解を次第に多数派にしていったのである。この動きは、寡占業界でも協調行動を採ることは容易ではないと主張するシカゴ学派の立場を支えるものであった。寡占構造の下でも、利潤率や技術開発力の面での弊害は意外に少ないとの認識と、一九七〇年代の独占企業への大型分割訴訟の実績に対する否定的評価がもたらした、市場再構築とまでいわれる寡占業界への構造措置が有効に働くことは期待できないとする認識が相俟って、一九七〇年代半ばからシカゴ学派の政策が急速に支持を集めることとなったのである。

なお、前述の弱い相関関係の評価については、現在のところその主たる原因を協調行動に求めるのが多数説であり、それを「規模の経済」や優れた経営能力という上位企業のもつ効率性に求めるのは少数説である。

**協調行動に関する要因リスト**

次いで、シカゴ学派の課題は、どのような市場構造の下で協調行動が実行されるのか、その場合どのような具体的行動(商慣習)が採られるのかを明らかにすることであった。この協調行動に関しての要因リスト、または協調行動についての市場構造要因・市場行動的証拠(経済学的証拠)リストともいうべきものは、次のように要約される。

最初は、協調行動をより容易にする、またはより困難にする市場構造要因のリストである。

① 売手側の集中度

協調行動を導く最低限の集中度に関する研究者間の合意は存在しないが、企業間における調整の困難さは、売手の数の増加に伴い、急速に増す。

② 下位業者の存否およびその供給能力

下位の業者は協調行動に参加しないことが多く、そのため利潤が上がると増産に走りがちになる。下位業者を協調行動の仲間に含めない理由は、彼らを絶えず監視するのはその供給量の及ぼす影響に比べ費用がかかりすぎ、割が合わないためである。

③　競争価格における需要弾力性の大小

協調行動による利得は、代替品が少ない時に大きなものとなる。

④　新規参入に要する期間の長さ

新規参入に要する期間が短いときに、協調行動はより困難になる。

ここまでをまとめると、②④は協調行動への非参加者によってどれだけ販売量が奪われるか、③はその業界の売上げが代替品への移行によってどれだけ減少するかという問題である。また、①—④は協調行動を採ったグループが直面する需要弾力性に影響を及ぼす要因、すなわち、協調行動参加者はその販売量を大きく失わずにどの程度価格を上げることができるか、という参加者の得る利益に関する要因である。

⑤　買手側の集中度

買手の数が多いほど、協調行動が容易になる。また、一回の取引量が小さく、取引回数が頻繁であるほど、協調行動は容易である。これは、そのような業界で効果的な値引き政策を実施するには、多数の買手に値引きがなされる必要があるため、簡単に他の業者によって発見されるのみならず、そのような値引きから得る利益は、長期的視点からあまりに少ないからである。

⑥　製品の標準化および同質性

たとえば多様な種類の製品が存在しているときには、協調行動のための合意の内容は、より複雑にならざるを得ないし、実質的な値下げを発見するのも困難となる。

⑦　流通のシステム

各メーカーがすべて小売店に直接販売しているように、同一流通段階にいる顧客に対して販売していることが協調行動を容易にする。そうでない場合、卸売、小売など数段階でマージン（利幅）の評価を行う必要が生じ、値引きの発見が困難となる。

⑧　価格競争の重要度

たとえば、品質のような、価格以外の面での競争が存在するときには、それを含めた包括的な合意に達するのはむずかしくなる。

⑨　固定費・変動費比率

⑩　業界における需要の安定性

⑪　新技術の開発、導入の機会の度合

⑨—⑪を総合し、総費用に占める固定費比率が高く、技術革新の度合が少なく、そして需要が安定しているか下降気味である業界ほど、協調行動が採られやすいとするのが「衰退産業

論」といわれる理論である。その理由は、第一に、需要が停滞している業界では、一社の販売量の増加は必然的に競争相手の販売量の減少を招くため、値引きを発見するのが容易であるからである。第二に、協調行動によってあるべき競争価格以上に価格を引き上げたとしても、利益率は低く、新規参入を招く心配はないからである。第三に、失業の増加を防ぐとの政治的理由から、競争法の厳格な運用がしにくくなるからである。

次に、協調行動の実施を示す行動的証拠のリストである。具体的には、㋐固定した市場占有率、㋑事前の値上げ公表や正当な価格をめぐる公開討論といった形での価格に関する情報交換活動、㋒急激な生産量の減少と余剰設備の増加、㋓業界全体での再販売価格維持政策の実施、㋔リーダーの市場占有率の緩やかな低下、㋕価格改定の度合の減少、㋖下位業者の利益の急激な上昇や利益率の急激な変動、㋗過去の競争法違反の前歴の有無——などがあげられる。

これらの知識を、第一に、協調行動を行う蓋然性の高い市場構造をもつ業界を突き止め、競争当局の限られた資源を特定された業界に優先的に投入するために、第二に、その業界で現に協調行動が採られているか否かを判断するために、活用すべきであるとシカゴ学派は主張する。そして、現代ではこのリストの信頼性や有用性はかなり高いと評価されている。

かくして、一九八〇年代に入り、カルテル規制の再評価によって協調行動に対抗しようとする見解が、競争当局や学界において明白に優位に立つことになったのである。

## 水平型企業結合規制

米国司法省は一九八二年に、一九六八年の企業結合ガイドラインを改定し、新しい企業結合ガイドラインを公表した(以下、新ガイドラインを「ガイドライン」と呼ぶ)。このガイドラインが、その当時の競争当局や学界における水平型企業結合に対する見方を示している。

まず、ガイドラインでは水平型企業結合規制を、垂直型企業結合規制や混合型企業結合規制とはっきり区別して取り扱っている。これは、競争とは同一市場での横の競争を意味するものであり、したがって垂直的制限など他の制限は、その制限が横の競争に実質的に悪影響を与えない限り規制の必要はない、という考え方に基づく。

さて、水平型企業結合規制に限定すると、注目すべき点は次の二点である。

第一は、寡占論におけるシカゴ学派の優位を反映して、司法省は企業結合への挑戦をより慎重にしようとしていることである。寡占論と水平型企業結合規制とは、水平型企業結合規制の目的が水平型企業結合によって協調行動をもたらすような状態が発生するのを阻止することにあるため、いわゆるコインの表裏の関係になる。

そこで、寡占業界ですら、正式協定なしに一定の了解らしきものに到達することは至難の業であるばかりか、了解成立後もその了解を破ろうとする動機が強いことからその実効性確保も容易ではないし、また、協調行動が行われるか否かの蓋然性を見るとき、売手集中度は決定的指標とはなりえず、多様な要因が考慮される必要があるとの当局の認識がガイドラインの作成にも強い影響を及ぼすこととなったのである。具体的には、①その企業結合に対し差止めを求めるため訴追するか否かの判断をする際に、参入の容易さ、製品の同質性、取引が頻繁で定期的かつ小口である度合、情報交換の程度等を考慮するとともに(前述の要因リスト参照)、②売手集中度という基準の運用における司法省の提訴するか否かについての裁量の幅を拡げたのである。かくして、それまでのガイドラインにおいては指標として市場占有率が偏重されている、水平合併規制の対象となる市場占有率の数字が低すぎるなどの欠陥が是正されることとなった。

なお、判例理論も、長期供給契約を締結していた石炭採掘会社間の株式取得について、そこでの市場占有率に過度に依存することを排したゼネラル・ダイナミックス事件最高裁判決(一九七四年)以降、ガイドラインと同一の方向に進みつつある。

第二は、市場を画定するのに際して、経済理論指向の方法を採用したことである。「市場」の概念を、実質的な売上げを失わずに限界費用(生産量を一単位だけ増加させることに伴う総費用の増加分）以上の価格付けもしくは価格引上げをすることができる売手の集合体との観点から捉えるのが、最も有力な見解である。

この新しい市場画定方法は、次の二点で従来の判例理論・実務から訣別しようとするものであった。

第一に、地理的市場と製品市場を同時に画定している。これに対して、従来、両者は二段階の過程もしくは別個の過程として取り扱われてきた。

第二に、製品差別化の問題を処理する場合を除いて、ガイドラインでは従来の判例理論・実務で中心的役割を果たしてきた「二次的（副次的）市場」の概念を認めていない。

これらの変更の意義の大きさを見るため、従来の判例理論・実務を振り返ってみよう。当時、裁判所は次のような二次市場の判例理論を確立したのである。

まず、より広い市場が存在することによって、裁判所は他のより狭い市場の存在を認定することを妨げられない。そして、どれか一つの二次市場において競争減殺効果が生じるとき、その合併は認められないとした。

次いで、製品市場に関して二次市場を認定する際の要因として、①当該産業または公衆の認識、②製品の特性と用途、③製造施設の特異性、④独自の顧客層、⑤独自の価格帯、⑥相互の価格変化に関する反応、および⑦特殊な流通ルートの存在——の七つがあげられるとした。

そのため、それ以後、水平型企業結合に厳しい時代風潮を背景として、司法省はその企業結合を差し止めようと決断し提訴したときには、合併企業の活動が重なり合う、より狭い分野を二次市場として画定し競争減殺効果を立証するという二次市場の操作により、常に勝利をおさめるという事態が出現することとなった。したがって、司法省が企業結合を阻止するため提訴するか否かを判断するときに、ガイドラインの市場画定方法に従いその設定された単一市場の下で分析を進めることは、たとえその画定方法が大まかなものにせよ、確実に提訴件数を減らす結果を生むのである。

また、ガイドラインの公表は、二次市場の設定を許す判例理論を変更する効力をもつものではないが、現在では判例自体もいくつもの重複する市場設定を認めるのには消極的な傾向を示している。

**独占規制**

反トラスト法違反について、アルコア事件（一九四五年）、ユナイテッド・シュー事件（一九五三年）などで発展してきた判例理論は、次のように表現される。シャーマン法二条違反（独占化の禁止)であるためには、①関連市場において独占力を保持していること、②製品の優秀さ、経営の卓抜さや歴史的な偶然による自然成長とは区別される行為によって、その独占力が意図的に獲得または維持されていること——の二要件が必要である。さらに、後者の違反行為に関しては、アルコア事件で、アルミの需要の増加を絶えず探知しその需要を満たすべく巨大な設備投資を行った行為が、またユナイテッド・シュー事件で、靴製造機械を売却はせずに賃貸のみを行い、顧客との間で密接な関係を維持するとの経営方針がシャーマン法二条違反とされたのに典型的に示されているとおり、独占企業以外の企業が用いたときには正常な商行為とみなされる行為も含まれる。

ただし、以上の違反行為の範囲を拡大した判例は、いずれも独占力の存在自体を罪悪視してきた一九六〇年代後半までに下されたものであり、その後、同条違反の一般原則には変更はないものの、その違反行為の範囲(独占化行為)は再び狭くなりつつある。

さて、シャーマン法二条違反が認定された後は、差止命令による「行為措置」か、分割命令による「構造措置」か、そのいずれかが求められることとなる。

行為措置は、独占企業の独占力の形成や維持に貢献した特定の商慣行・商行為をやめさせることによって、新規参入などを促進して最終的に独占力を消滅させようとするものである。この行為措置は、違反行為の示す悪性の低さと比べると分割命令では懲罰的で厳しすぎるとの感覚から一時期よく利用されたが、その最大の欠点は、特定の行為がどの程度独占力の形成維持に貢献しているのか、ひいては、差止命令によって本当に有効競争を回復させられるのかが、誰にもわからないことであった。その他にも、行為措置には、①差止命令は、その内容が執行可能であるように十分具体的なものとして考案される必要があるが、すると独占企業は容易に(脱法的に)同じく独占力を維持するのに役立つ他の商行為を見つけ、実施することができるし、②行為措置は実効性確保のため長期間にわたる裁判所の監督を必要とするが、命令の変更にも時間がかかるため、どうかすると経営への過剰介入になりがちである——という欠陥がある。現実にも、独占企業に対する行為措置はみるべき成果を生まなかったといわれる。

そこで、確実に有効競争を回復させる構造措置である分割命令が期待されることとなった。分割命令は、具体的には、①対象会社の株式が上場されている場合には、新会社を設立し、その株式を株式配当の形で元の株主へ分散させる、②対象会社が非公開の場合には、現物出資により新会社を設立し、その株式を公募による新株発行の形で分散させるか、その会社を第三者に売却する、③一定資産を分離し参入希望者へ売却するか、暫定的に管財人へ移管させることをいい、それらの措置を一定期間内に現経営陣または裁判所の任命する管財人によって実行させる。また、補完的に、新会社の営業が軌道に乗るまでの間、違反会社にノウハウの提供や製品の買取義務を課すことも多い。

構造措置の欠点は、大多数が納得する分割案、すなわちあるべき市場構造を考案するのが極めてむずかしいという実体面の困難と、現行法上シャーマン法二条違反行為の存在を要件としていることと、米国司法制度の特質が相俟って、分割手続終了までに極端に長い時間がかかるという手続面の不備があげられる。現実に、地域電話会社を分離したＡＴ＆Ｔ（アメリカ電信電話会社）分割訴訟和解（一九八二年）は、分割案作成のために綿密な市場分析が要求されることを示している。またＩＢＭ分割訴訟は、その取下げ（一九八二年）に至るまでの違反行為の有無を争っている段階で既に一三年が経過しており、仮に司法省が違反行為について勝利しかつ分割命令が相当と認められるとしても、分割終了までに三〇年程度はかかることを物語っている。特に後者の手続面の欠陥は致命的とみなされており、それゆえ一九六〇―七〇年代の大型分割訴訟に対する評価は、極めて低い。

**独占規制への政策提言**

次に、独占規制をめぐる政策提言をみると、ハーバード学派は、独占企業がかなり長期にわたり超過利潤を獲得していることは、寡占における集中度と超過利潤の相関関係よりも一層明白であるとして、依然、有効競争の回復を確実に図るため構造規制の実施を唱えるのに対し、シカゴ学派は独占企業に対して基本的に放任政策を採ることを主張する。

すなわちシカゴ学派は、次のような主張をして独占企業に自由放任で臨むことを唱えている。第一に、シカゴ学派は市場の自律的調整機能を重視する。まず、二〇年も経つと全般的な市場構造が自然と変化し、独占企業ももはや独占力を振るえない環境となる。この市場構造の変化とは、技術革新による代替品の市場への参入、通信・運送手段の発達による市場自体の拡大化などを指す。また、超過利潤に限定しても、独占企業のそれは他産業からの新規参入や下位企業の生産拡大を招き、利潤率は次第に正常利潤率に収束することとなる。その上、独占企業が客観的環境の変化にもかかわらず、長期間高い利潤率を維持したとしたら、その主因はその企業の経営の卓抜さ、効率性の良さにあると考える。

第二に、企業分割政策を実施しても、その莫大な社会的資源の費消、誤った分割という危険負担および大型分割訴訟に不可避な訴訟遅延を考慮した場合、その社会的利益はその損失を上回ることはない。特に、分割までにかかる時間の長さは致命的な欠陥であって、これは改革案をとっても変わらない。これは、①独占力が形成されてから数年間は、その独占力が新規参入などによって自然消滅するか否か、観察する必要があること、②独占企業側はそのかかわる利害が巨大であるため、当局と全力で争うこと、および、③規模の経済や経済効率性といった抗弁の是非を認定したり分割案を作成したりするためには詳細な個別産業分析が欠かせないため、独占力の形成から分割・解体までに二〇年以上かかること――が予想されるためである。

これらの論拠は、一九七〇年代の分割訴訟の経験および戦後の急速な技術革新の進行を背景に、いずれも説得力があると評価された。かくして、一九八〇年代には独占規制の分野でもシカゴ学派の政策提言が優勢になった。

**企業分割からカルテル規制へ**

一九七〇年代中頃から開始された、競争法のルール・法運用をめぐる政策転換ともいうべききわめて大きな動きは、一九九〇年代までにほぼ完了した。

今日では、カルテル規制が競争法体系の中核たる地位を占めることが明白になっている。

それまで競争法上の最大の政策課題であった寡占対策について企業分割による構造措置を志向するハーバード学派の政策提言は姿を消し、シカゴ学派流のカルテル規制で対処する流れが確定した。さらに一九七〇年代半ばからは、金融・運輸・電気通信・エネルギーといった規制産業であった分野で規制緩和・自由化が進行し、これに伴いカルテル規制の適用対象業種が拡大した。各国とも、カルテルに対しては、実際に刑事制裁(刑事罰)や行政制裁(行政制裁金)によって重いペナルティを科して違反抑止効果を上げ、カルテルの禁止についての実効性を確保する方向に進んでいる。

また、独占規制についても、企業分割による構造措置は後退し、競争業者の事業活動や新規参入を困難にする違反行為の排除を命じる行為措置に回帰している。

一九五〇―六〇年代には、独占力・市場支配力の存在自体を罪悪視して、過去の独占力・市場支配力の獲得行為も含める形で違反行為を積極的にとらえたうえ、企業分割で独占力・市場支配力を解体しようとする考え方が有力であった。今日、独占力・市場支配力を持つ事業者による単独行為(濫用行為・独占化行為)についての規制は、その事業者の既存の独占力・市場支配力を意図的かつ不当に維持・強化する行為を禁止する形で行われる。これに伴い、違反行為は、ビジネス上の正当化事由のない排除的行為(競争を排除しようとする行為)と狭く定義されることになった。

垂直的制限規制は、市場での競争制限効果の立証を求めるシカゴ学派の主張を受け入れて全般的に緩和されている。すなわち、再販売価格協定は原則違法というルールを維持しながら、垂直的非価格制限については大幅に緩和している。フランチャイズ販売、すなわち販売方法の制限、取引先の制限、仕入れ先の制限、抱き合わせなどの垂直的非価格制限を組み合わせた組織的販売システムも許容されている。この結果、今日メーカーはかなり自由に販売対策・販売方法を実施できるようになった。

企業結合への規制は、寡占自体を悪とみなす発想が支持を失ったことと、従前のやや恣意的な市場画定方法が改められ、経済理論に合致した客観的な市場画定方法が用いられるようになったことから実質的に大きく緩和された。今日では、運輸・通信等の技術進歩に伴い画定される関連市場が拡大し、国際的な競争を勘案して処理する必要性が強まってきている。

かくして、現在、競争当局は、カルテルの摘発、市場支配的な事業者の濫用行為の排除および企業結合事案について適切な処理を行うことに重点を置いた競争法を運用している。そして、競争ルールから乖離した、歴史的な経緯により生まれた各国独自の規制については、次第に慎重に実施するようになっている。

## 4　広域経済圏の成立

### 北大西洋・先進国共同市場

一九九〇年代後半に、北大西洋をはさみ米国・欧州市場を含む北大西洋共同市場が実質的に成立した。その共同市場での優位の確保や生き残りを図る動きは、大西洋をまたがるクライスラー・ダイムラーベンツ、BP（ブリティッシュ・ペトロリアム）・アモコ、ドイツ銀行・バンカーストラスト等の合併に、また米国国内のボーイング・マクダネルダグラス、エクソン・モービル等の巨大合併、欧州内部での化学・医薬品業界での合併等に顕著に示されている。

先進国市場での経済統合の動きは予想以上に速く、地理的条件や文化・言語の異なる日本も、北米・欧州市場を中心とする先進国共同市場に組み込まれつつある。日本での自動車・石油業界などの再編の動きを見ると、この間の事情が実感できよう。

競争法は、カルテル、独占企業の排除行為、合併などを規制対象とし、事業活動における基本ルールを定めるものである。そのため、真っ先に共通ルールの形成が求められる法分野でもある。むしろ、歴史的には競争法自体が市場統合の産物かつ促進剤であった。反トラスト法は、各州の経済主権を打ち破り全米統一市場の形成に大きく貢献したし、EU競争法も、加盟国間の境界線の壁を突き崩し、域内での最適生産・最適販売を実現するなど、市場統合に大いに貢献した。

しかし、競争法は基本的に国内法にとどまるために、世界的規模でのさらなる市場統合の動きにいかに対処していくかが大きな課題となってきた。各国の競争ルールの調和を図り、国際ルールとして同質の実体ルールを形成していくべきである。しかしそれだけでは、世界的規模の多国籍企業の行動の規制には十分ではないことも明らかになっている。

究極の解決策は、共同市場形成に応じて、そこでの国際取引を管轄する単一競争当局を創設することである。しかし現実には、米国・EU間でさえ、経済主権の一部を放棄し、欧州委員会並みの調査権限と措置権限を有する統一競争当局を創設することは期待できない状態にある。

その代わりに、一九九六年以降、米国・欧州間では、二国間協力協定に基づき、個別事件についての競争当局間の協力体制が急速に整備された。とりわけ、国際的な企業結合については、当事会社の同意を得て秘密性を有する（守秘義務のかかる）情報・証拠を交換・共有し、個別事件の調査を早期に終了し、また矛盾した是正措置を回避することが実施されている。

国際カルテル事件についても、競争当局間で情報交換や、合同かつ同時調査を行うことが試みられている。近い将来には、国際カルテルなど制裁を科すべき違反行為についても、当事会社の同意を得ることなく、秘密性を有する情報を共有して調査を行う体制が整備されるものと予想されている。

## 国際カルテルの摘発

カルテルについては、OECD(経済協力開発機構)が一九九八年にカルテルを違法とする理事会勧告を採択し、カルテルの禁止を先進国間の共通ルールとして再確認している。

一九九〇年代中頃から、米国司法省の国際カルテルに対する積極的な摘発が目立っている。主要な事件として、ソルビン酸カルテル事件、黒鉛電極カルテル事件、ビタミン剤カルテル事件がある。米国では、違反法人に対する罰金が、獲得した利益の二倍を基準として科せられるため、罰金額が巨額になってきている。ちなみに、罰金総額は一九九七年度約二億ドル、一九九八年度約二億六〇〇〇万ドル、一九九九年度には約一一億ドルに達した。

これら国際カルテル事案処理においては、一九九三年公表の「アムネスティ・プログラム」と呼ばれる、自首した申告者へ刑事罰を全面的に免除する制度および被告人の有罪の答弁を受けて刑事罰を減額するという司法取引が活用されている。このように、米国の刑事免責制度は、最初に申告した法人に対して、その従業員を含めて自動的に全面免責を認めている。ただし、民事上の責任が軽減されることはなく、国際カルテルによる三倍額損害賠償は、巨額なものになっている。

さらに、米国司法省によって摘発された国際カルテルについては、EU・カナダなどの競争当局も制裁金を課している。カルテル参加企業が減免制度の適用を求めて各国競争当局に進んで違反事実を申告するのである。

また、米国・カナダ間では、両国ともカルテルに刑事手続がとられ刑事罰が科せられるという事情の下、一九八五年の刑事司法援助協定に基づき、捜査情報を交換して合同捜査がなされている。

**国際的な企業結合への対応**

大型の国際水平企業結合については、米国競争当局(司法省・連邦取引委員会)、EU競争当局(欧州委員会)がともに管轄権をもち競争法上の調査を実施しているが、ほとんどすべて最終的には承認している。それらの企業結合審査では、市場占有率算出の基礎となる市場の範囲が地域から環大西洋、さらに世界へと広がる事例も出てきている。当事会社の市場占有率は分母が膨らむ分、大幅に低下し、許容される企業結合の範囲が大きくなるのである。

ちなみに、企業結合審査の実態については、米国、EUとも事前届出(新会社に移行する前の届出)が要求される一定規模以上の企業結合の案件についてさえ、九〇—九五%の場合、追加情報請求などの措置もとらずに終了し、承認されている。競争法上問題があるとして追加情報請求が行われる案件は、米国で年間五〇—一〇〇件、EUでも年間一〇件以下にとどまる。

しかも、問題があるとされる企業結合についても、大部分は、一部資産を第三者に譲渡するなどの条件を課して承認されている。競争当局がその企業結合を全面的に阻止しようとする案件は極めて少ない。その数はここ一〇年ほどそれほど変わっておらず、近年の大型水平型企業結合の増大を考慮すると、実質的に企業結合規制は緩和されたことになる。

現実の審査では、当局は企業結合後の市場の変化を予測し、必要に応じて業務の一部や資産の譲渡など相当な措置を命じる。それだけに、調査権限を行使して関連資料を入手し、綿密に市場を分析し、さらに妥当な是正措置を考案するという極めて高度な作業と判断が当局に求められる。そのため、米国やEUでは博士号を有する一〇〇人近いエコノミストが企業結合審査に従事している。

欧米では、企業結合事件の調査において、正式調査権を行使し証拠を入手して法的措置を講じている。この手続は、いわゆる条件付承認の場合でも同様である。このように、質の高い経済分析と透明性の高い手続によって初めて、関係者の信頼を得て競争当局が企業結合審査権限を一元的に行使できるのである。

**当局間統一に近い状態**

企業結合は、反競争的行為として事後に制裁の科せられるカルテル、独占企業による排除行為と異なり、経済効率向上につながる。そして、それをめぐる競争当局間の協力は、当事会社にとって、審査期間短縮のほか競争当局間の対立や矛盾する是正措置を回避させるメリットを生む。

そこで当事会社は、カルテル事件などと異なり競争当局間で守秘義務のかかる情報を交換・共有することに同意する。それが競争当局間で、同一の事実関係を前提とした反競争的な効果の分析や是正措置の調整を促し、協力を一層推進させる好循環を生じさせる。

米国・EU競争当局が重大な排除措置をめぐって対立しかけた最初の案件として、ボーイングとマクダネルダグラスの結合事件（一九九七年）がある。この件で両当局はマクダネルダグラスの民間航空機製造部門を分離する必要性をめぐり見解が対立したが、最終的には欧州委員会が譲歩し、民間航空機製造部門の分離までは求めず、ボーイングが航空会社との間の排他的供給契約を破棄することで、その結合を承認した。さらに、両当局の見解が完全に対立した案件として、唯一、ゼネラル・エレクトリック(GE)とハネウェル・インターナショナルの結合事件がある。この事件で、欧州委員会は二〇〇一年に、米国司法省が承認したゼネラル・エレクトリックとハネウェル・インターナショナルという米国企業同士の企業結合に対して禁止決定を下し、その企業結合を断念させた。

いずれも、欧州委員会はエアバス社が競争上不利な立場に陥ることを懸念したといわれている。それでも全体としては、協定に基づき複数の競争当局が協力して案件を処理する体制は有効に機能する、との評価が定着しつつある。

実務面から見ると、米国・EU当局間で企業に課す是正措置について調整する場合の最大の障害は、両者の案件処理手続上の処理期限の格差にある。手続上、EU当局が最終判断を下さざるを得ない時になっても、米国当局が審査を継続中という場合が生じるのだ。こうした事態を避けるため、今後は手続の調和を進めることが予想される。

具体的には、双方が届出を求める企業結合案件に関し、予備審査期間を届出時から三〇日間、競争上問題のある企業結合についての正式審査期間を届出後五―六か月に足並みをそろえる方向である。

共通の手続の下に、情報共有を進め、北大西洋市場を対象として適正な調査を実施し、さらには矛盾する是正措置の発動を回避することで、実質的に競争当局を統一したのに近い効果を狙っている。統一された企業結合案件の処理手続は、二大競争法の母国(地域)であり現実に二国間協定に基づき協力を実施している米国・EU間で合意されるものだけに、そのまま世界標準となる。

**独占企業の行為への国際的対応**

二一世紀に入るまで、世界に冠たる独占企業は、企業活動について最も自由度の高い米国市場で誕生する場合がほとんどで、その取り締まりも世界最強の競争当局である米国司法省に任せておくことで足りると信じられてきた。世界に冠たる独占企業、たとえば、コダック社、ゼロックス社、AT&T、IBM、マイクロソフト社などは、米国の先端技術産業で誕生し、それら独占企業に対して、司法省など米国競争当局が強力な証拠収集権限を行使して企業分割訴訟を提起してきた。

ところが二一世紀に入り、米国以外の競争当局が、米国ベースの独占企業の行為について競争法違反で調査する事例が出てきた。その国の特別事情を反映して、米国以上に厳しい対応を行う傾向さえも見られる。

たとえば、米国司法省の提訴したマイクロソフト社に対する件では、米国控訴審判決および司法省との和解において、パソコン用基本ソフト「ウィンドウズ」とインターネット閲覧ソフト「エクスプローラ」とを同時に搭載することを義務づけることは禁止されなかった。これに対して、欧州委員会は、二〇〇四年三月に、マイクロソフトが基本ソフトと映像・音楽再生ソフトを抱き合わせていることがEU競争法に違反しているとして、行政制裁金約五億ユーロの支払いと、マイクロソフト社に基本ソフト「ウィンドウズ」と映像・音楽再生ソフト「メディア・プレーヤー」を分離して出荷するよう求めた。

日本の公取委も、マイクロソフト社に対して司法省との和解において違法とされなかった「非係争条項」について、独禁法に違反するとして調査を開始し、二〇〇四年七月に排除勧告を行った。非係争条項とは、マイクロソフト社と日本のパソコンメーカーとの間の「ウィンドウズ」の搭載を認めるライセンス契約上、パソコンメーカーの保有する特許情報がウィンドウズに取り込まれていても特許侵害で提訴できないというものである。

## 競争当局間のネットワーク

今日でも競争法の世界では、盟主ともいうべき米国の競争当局の影響力は圧倒的である。刑事捜査権限を駆使したカルテル摘発力は極めて強く、現実にも国際カルテルは最初に米国で摘発されている。企業結合事件および独占事件審査にあたっての証拠収集力、経済分析力も米国競争当局が一番強い。ところが、最近では欧州委員会が、企業結合事件・独占事件で米国競争当局に対抗できるようになってきた。

このように、国際化の進行と競争法の広がりに伴い、米国競争当局といえども競争ルールについて従来のようなリーダーシップは取れなくなってきている。すなわち、欧州委員会など主要国の競争当局が、国際的な競争ルールについてある程度発言力を持ち始めている。

多国籍企業も、新規の販売戦略を実施する場合には、米国、ＥＵ、日本の競争法をクリアしておく必要性が高まっている。なぜなら、世界的な独占企業や有力な多国籍企業にとっては、自己のビジネス行為がいずれかの国で調査を受け競争法違反と認定されると、他の国でも同種の事件調査を受ける可能性が強いということになるからである。そのため、特定国で違反を認定された場合、全世界に及ぼす悪影響を勘案する必要に迫られ、安易に妥協せずに法廷等で争う傾向が強くなっている。

主要先進国間、すなわち米国、カナダ、EU、日本、オーストラリアの競争当局間では、二国間協力協定によるネットワークがほぼ完成しつつある。しかも、先進国競争当局間では、次世代の執行援助協定によって秘密性を持つ情報まで交換する体制が見えてきた。さらに、二〇〇一年に、先進国の競争当局間のクラブであったOECD競争委員会が発展途上国の競争当局も参加するグローバル・フォーラムを発足させ、全世界の競争当局の自主的な組織であるICN(インターナショナル・コンペティション・ネットワーク)が設立されたように、全世界的な競争当局間のネットワークも形成されている。

# 第二章　日本の独占禁止法

## ―どう変わってきたのか―

## 1　産業政策の優位

### 日本における競争法制の展開

日本の独禁法は、一九四七年に米国反トラスト法を受け継ぐ形で制定された。しかし、一九五〇―六〇年代の復興期と高度成長期には有名無実化し、競争法として機能しているとはいえなかった。競争法として本格的に執行されてきたのは一九八〇年代からである。しかし、米国、EUと比べて、独禁法の執行体制はなお未熟という評価が、残念ながら国際的に定着している感がある。

一九四七年制定当初の独禁法(原始独禁法)は、米国反トラスト法を模範としたうえ、当時、米国で競争法としてあるべき(理想的な)ものと考えられていた諸制度を取り込んだもので、今日の競争ルールと比較すると、過度に厳格な規定が設けられていた。たとえば、価格・数量等に関する共同行為の全面禁止、不当な事業能力格差の排除(不当な事業能力の格差のある場合、不当に大規模な事業者に対する営業の一部譲渡命令)、事業会社の株式保有の原則禁止や合併の認可制、国際契約の認可制――などである。

この原始独禁法が、一九四九年と一九五三年に緩和の方向で改正されて、現行独禁法制が完成した。一九五三年改正後の独禁法制は、不況カルテル、合理化カルテル、再販売価格維持制度などの適用除外を規定したが、基本的には米国反トラスト法と比べてもそれほど遜色のないものであった。

また、一九七七年には、規制強化の方向で、①価格カルテル等に対する課徴金制度の新設、②大規模会社についての株式保有総額を制限する規定の新設と金融会社の株式保有を制限する規定の強化、③独占的状態に対する措置と価格の同調的引上げに関する報告徴収制度の創設――という改正がなされた。ただし、この一九七七年改正は、独禁法制の基本的な枠組みを変更するものではなかった。

このように、日本の独禁法制は、一九五三年以来、基本的には同一のままである。ところが、法運用面から見ると、カルテル、企業結合規制などにおいて一九五三年頃から運用が後退し、以後ほぼ二〇年間にわたりそれらの規制の執行がほとんど皆無の時期を迎え、独禁法は有名無実化・形骸化したのだった。

たとえば、一九五九年に、各新聞社が同日に一斉に同額の値上げを発表した新聞料金値上げ事件において、公取委は、申し合わせに拘束性があると見るべき十分な証拠がないという理由で、これを不問に付した。公取委自ら、この時期、多数の違反審査事件のうち違反にならないものは数件にすぎなかったが、その多くを不問とし、警告に止めた(『独占禁止政策二十年史』)ことを認めている。

また、一九五八年の雪印とクロバーの合併においても、合併後の市場占有率が高く市場支配力が形成される疑いがあったにもかかわらず、何ら措置を求めず合併を承認した。このように、独禁法のうち、カルテル禁止、企業結合規制など中核となる規制は、ほとんど機能していなかったといってよい。

他方で、不公正な取引方法の禁止に基づく規制、とりわけ経済的弱者の保護や公正な取引の推進を図ることを狙い、優越的地位の濫用の禁止に基づく規制が行われた。一九五六年には、大企業による下請取引における優越的な地位の濫用を規制するため、「下請代金支払遅延等防止法(下請法)」が制定されている。

一九五〇年代後半から、物価対策や消費者保護政策としての独禁法の運用が徐々に活発になる。その頃から消費者物価の上昇が続き、物価対策としての独占禁止政策の重要性が認識された。そこで、価格カルテルや再販売価格維持行為の取り締まり、再販売価格維持制度に対する弊害規制の実施、不況カルテル認可についての慎重な取扱いなどの施策が講じられた。さらに、不当表示や過大景品付き販売の横行に対して、消費者保護行政としての独占禁止政策が重要視され、一九六二年には「不当景品類及び不当表示防止法（景品表示法）」が制定された。ただし、このような物価対策や消費者保護政策としての独禁法運用は、本来、競争政策実現のための独禁法という視点からは、本筋とはいえないものであった。

まとめるに、日本では独禁法の施行について公取委が一元管理していることから、運用緩和の局面では、事件選択においての裁量権が行使され、事件自体が取り上げられずに終わるため明白に表面にでてこないが、一九五〇―六〇年代を通じて競争ルールは大幅に緩和されたのである。

### 産業政策と競争政策

日本の経済政策として、従来、米国における反トラスト政策に対応する影響力をもっていたのは、通産省が行う産業政策であった。

この産業政策は、一般に、貿易・直接投資など海外諸国との取引に介入し、補助金・優遇税制などの産業補助を与え、的確な情報を提供することによって、幼稚産業・成長産業を保護・

育成するとともに、成熟産業・衰退産業からの資源の移転を促進する政策を意味する。産業政策は日本経済の発展に大きな影響を与えるとともに、日本経済の実態に応じてその内容を変えている。

戦後の産業政策は、一九六〇年頃までの復興期、一九六〇年頃からの産業政策の全盛期と呼ばれる高度成長期、一九七〇年頃からの石油危機以降に分けられる。

復興期には、炭鉱業・鉄鋼業などの重要戦略産業を優遇する統制色の強い政策がとられた。高度成長期には、直接的規制手段と誘導・呼び水的手段が併用されて、設備投資の調整を通じて重化学工業化が図られていった。

これに対して石油危機以降は、直接的介入は避けて主に誘導的手段が用いられるようになり、産業政策の内容も、先端技術産業に対する研究開発投資の促進、構造不況業種の調整的援助、そして貿易摩擦対策で構成されるようになった。

通産省の産業政策は、日本経済のめざましい復興や発展が示すとおり確かに成功した。今日でも、法律上の規制権限は少なくなったとはいえ、行政指導で運営される日本の行政では、産業政策は依然として大きな力をもっている。

このように、日本では、国際化の進行、日本経済の世界貿易に占める地位の向上、先端技術開発の比重増加と開発競争の激化、産業のソフト化などの経済実態の動きは、(競争政策よりも)むしろ産業政策に反映されてきた。

公取委の独占禁止政策は、復興期や高度成長期においては主要産業と主要企業の動きに実質的な影響を与えることはなかった。石油危機以降、カルテル規制が強化されて、日本経済に影響を与えるようになってきた程度である。この復興期・高度成長期における独禁法の消極的運用については、独禁法研究者からの批判も強いが、日本経済の繁栄が示すとおり、やはりそれが当時の日本経済の実情に合致していたのであろう。

また、通商面からも、日本の外資規制が緩和され資本の自由化が進んだのは一九六〇年代後半であったし、日本で貿易の黒字基調が定着し、非関税障壁の撤廃、日本市場の開放が政策課題となったのは一九八〇年頃になってからである。

このように、実体経済の変動やそれに対する経済政策という観点からは、本格的な競争政策の展開については、早くとも高度成長期が終わった一九七〇年代以降、実際には一九八〇年代以降に限定してもそれほど問題はない。それまでは、公取委による独占禁止行政といっても、不公正な取引方法の規制に基づく弱者保護、景品表示法による消費者保護、物価対策が中心であって、一国の経済・産業のあり方に大きな影響を及ぼすような競争政策が実施されていたわけではなかったからである。

## 2　歪められた体系とルール

### 日本特有の体系へ

一九八〇年頃までの独禁法をみると、その歴史的経緯から、国際的な競争法体系と整合しない法制や独自の法運用を抱え込んでいる。

原始独禁法は、シャーマン法二条をモデルとして単独行為規制の基本禁止規定として私的独占の禁止(三条前段)を規定し、シャーマン法一条をモデルとして共同行為規制の基本禁止規定として不当な取引制限の禁止(三条後段)を規定した。唯一の施行機関・競争当局として米国の連邦取引委員会をモデルとして公取委を創設した。

競争当局が公取委のみであることから、事後規制における基本禁止規定としては私的独占の禁止と不当な取引制限の禁止で十分である。ところが、原始独禁法は、連邦取引委員会に司法省と同等の規制権限を付与する連邦取引委員会法五条をまねて不公正な競争方法の禁止(一九条)を規定した。

反トラスト法の正確な継受という観点からは、不公正な競争方法の禁止は本来不要な禁止規定であり、不公正な競争方法の禁止は私的独占の禁止や不当な取引制限の禁止と完全に重なり合って適用される。

ところが、独禁法は、一九五三年に不公正な競争方法を不公正な取引方法に変更したことと、初期の誤った判例法により、その基本体系を日本特有な姿に歪めていくことになった。

### 不公正な取引方法の全盛期

不公正な競争方法を不公正な取引方法に変更し、公正競争阻害性を実質要件として、市場での競争との関連性の乏しい、取引上の地位の不当利用、競争者に対する不当な取引妨害等を新たに禁止行為に追加して、規制対象となる行為の範囲を大幅に拡大した。また、第一次大正製薬事件審判審決(一九五三年)は「その競争の制限が、一定の取引分野における競争を実質的に制限すると認められる程度のものである必要はなく、ある程度において公正な自由競争を妨げるものと認められる場合で足りるものと解すべ」きであると解釈した。

不当な取引制限につき、新聞販路協定事件東京高裁判決および東宝・新東宝事件東京高裁判決(いずれも一九五三年)は、①不当な取引制限は相互に課せられる制限が共通であることを本質とすることから、そこにおける事業者は同質的取引関係または取引段階を同一にするものに限定される、②少なくとも不当な取引制限の事業者は、競争関係にある事業者に限定されると解釈した。

東宝・スバル事件東京高裁判決(一九五一年)および東宝・新東宝事件東京高裁判決は、競争の実質的制限が「競争自体が減少して、特定の事業者又は事業者集団がその意思で、ある程度自由に、価格、品質、数量、その他各般の条件を左右することによって、市場を支配することができる形態(状態)」をもたらすことと解されるとした。

かくして、共通要件である競争の実質的制限につき、市場を支配することができる状態という高レベルの実質要件であると解釈して、私的独占の禁止は市場支配の状態をもたらす独占的な経済力の濫用行為を規制し、不当な取引制限の禁止は競争業者間のカルテルを禁止し、さらに企業結合規制は私的独占を未然に防止するものとした。その他の単独行為および垂直的制限については、①原始一般指定の禁止行為で主要な行為をその対象としていること、②公正競争阻害性について、ある程度において公正な自由競争を妨げるものと認められる場合で足りるという低レベルの実質要件であると解釈したことから、もっぱら不公正な取引方法の禁止により規制することになった。

かくして、独占および集中の規制（私的独占、企業結合を含む）、不当な取引制限（カルテルに限る）の禁止、不公正な取引方法の禁止を三本柱とする日本独自の体系が完成した。この体系の下では、不当な取引制限の禁止によるカルテル規制と、不公正な取引方法の禁止による単独行為および垂直的制限規制が法運用の中心となる。

この体系では、一定の取引分野における競争の実質的制限と公正競争阻害性は別物であって、不公正な取引方法を手段として、一定の取引分野における競争の実質的制限を要件とする私的独占や不当な取引制限に該当する状態の発生を阻止することになる。その当時、不公正な取引方法の禁止は、不正競争法と同一の性格を有し、三条違反の状態が出現することを阻止するための手段であるととらえられ、不公正な取引方法の公正競争阻害性に一定の取引分野・関連市場を画定することは必要とされなかった。さらに、禁止規定に違反した違反行為と排除措置命令とは一致するものとされた。

今日でも残るガイドライン上の二段階のルールを設定するという考え方はいずれもこの時期の発想に基づくものである。

この特異な基本体系は、一九八〇年代から徐々に崩れてきた。しかし、原始独禁法が採用した本来の基本体系に回帰し、米国反トラスト法やEU競争法と同様に、行為類型ごとの単一ルールを確立することが本格的な課題となったのは二〇〇〇年代以降である。

## 3 日米構造問題協議——談合体質と系列取引

### 競争政策の新たな展開

通産省の産業政策に対立する競争政策としての独禁法の運用が開始されたのは、第二次石油危機が発生した一九七〇年代後半からである。石油カルテル事件に関連した判審決による判例法の形成、一九七七年の課徴金制度導入などを経て、競争法としての独禁法が徐々に強化されていった。そこで、一九七〇年代以降の独禁法強化やそれを支える法改正や判審決の動きは、むしろ新たな展開ととらえる方が、公取委の動きや競争ルールの変遷に合致している。

### 一九七七年改正とその意義

一九七七年に、第一に、価格カルテル禁止の実効性を確保するための課徴金制度の新設、第二に、一般集中規制強化のため、大規模会社についての株式保有総額を制限する規定の新設と金融会社の株式保有を制限する規定の強化、第三に、高度寡占規制として、独占的状態に対する措置と価格の同調的引上げに関する報告徴収制度の創設――という改正がなされた。初めての規制強化の方向に向けての改正であったが、独禁法制の基本的な枠組みを変更するものではなかった。この改正に伴い新設・強化された規定のうち、規制目的の実現に役立ったと評価されるものは、課徴金制度であり、それまで何ら制裁の無かった価格カルテルに対し、不当利得の剝奪を名目に、実質的な制裁措置を導入した意義は大きかった。

その他の高度寡占対策または企業集団対策については、それほど効果があったとはいえない。大規模会社についての株式保有総額の制限および価格の同調的引上げに関する報告徴収制度は既に廃止された。金融会社の株式保有制限は緩和されており、将来的には廃止されるものと見込まれる。独占的状態に対する措置の発動が検討されたことは一度もない。さらに、二〇〇五年の改正作業で、独占的状態に対する措置規定について、新規参入者による再構築が事実上不可能で、利用が不可欠な施設(不可欠施設)をめぐる競争制限行為に関する特別規定に変更することを公取委が公式に提言したこと自体が、この制度が不要であることを物語っている。

### 競争法としての独禁法

一九八〇年頃の独禁法をみると、その歴史的経緯から、国際的な競争法体系と整合しない法制や独自な法運用を抱え込んでいる。

なかでも、一九四七年の早過ぎた(理想主義的な)競争法の制定、およびその後、長期間にわたり競争法として独禁法を運用できない状態に陥ったことは、独禁法の解釈・運用を、当時の日本経済の実態に合致するように変貌させた(公取委の組織防衛の点からもそうせざるをえなかった)ともいえる反面、基本体系を日本特有な姿に歪めてゆくことにもなった。

後で説明するように、一九八〇年代中頃からの判決・審決によるルールの展開や、一九九七年からの一連の独禁法改正は、いずれも、独禁法を米国反トラスト法とEU競争法に代表される、国際的な競争ルールや執行水準に合致させようとするものであった。日本でも一九八〇年代からようやく競争政策を展開すべき時期を迎えたのであり、日本の国際経済に占める地位からも独禁法を、競争政策を実施するための法として純化していかざるを得なくなってきたからである。

判例法の形成については第四章で詳しく触れるが、それは、一九八〇年代中頃の石油カルテル(価格協定)事件最高裁判決(一九八四年)、東洋精米機事件東京高裁判決(一九八四年)、東京都芝浦屠場事件東京高裁判決(一九八六年)、同事件最高裁判決(一九八九年)から本格的に開始された。これ以降も、東芝エレベータ事件大阪高裁判決(一九九三年)、資生堂事件最高裁判決

(一九九八年)など、高い先例価値をもつ判決が下され、判決の集積が急速に進むこととなった。

独禁法改正についても、一九九七年の持株会社解禁と国際的契約届出制の廃止、一九九九年の不況カルテルなど各種適用除外規定の廃止など、日本独自の規定を削除して国際ルールに合致させる方向の法改正が続いている。

また、一九八九年の日米構造問題協議の開始とその最終報告を受けて、カルテルに対する刑事罰の活用や課徴金の高額化などが実現し、法執行面からもカルテル規制と独占規制に重点を置いた競争法として本格的な運用が始まった。

**独禁法上の問題点**

日米政府は一九八九年七月の首脳会談で、貿易障壁に関する構造的な問題を取り上げ、「構造的障壁に関するイニシアティブ(日米構造問題協議)」によって幅広い構造問題を指摘し合い、改善に努めることで合意した。

この協議で、米国が日本の構造的障壁として改善を求めてきた事項は、①価格メカニズム、②流通制度、③貯蓄と投資、④土地利用、⑤系列関係、⑥排他的取引慣行――の六項目であった。③④を除く四項目は、独禁法にかかわる問題である。

一年間にわたる論争や実態調査を踏まえて一九九〇年六月、日本側の改善策として、①総合的な公共投資計画を策定する、②大店法(大規模小売店舗における小売業の事業活動の調整に関する法律)による規制を抜本的に緩和する、③価格カルテルに対する課徴金額を引き上げる、④積極的に刑事告発を行い、刑事罰を活用する、⑤公取委はガイドラインを作成して系列取引への監視を強化する——などを盛り込んだ最終報告が取りまとめられた。

構造障壁についての論争によって、独禁法上の問題点は、次の二点に絞られた。

第一は、日本の業界におけるカルテル体質、談合体質である。この体質ゆえに、業界秩序の維持を重視し、カルテル・談合・グループボイコットなどの排他的行動がとられ、たとえ外国製品が価格や品質で優れていてもそれを購入せず、日本製品を優先的に選択するような状況がつくられている。このカルテル体質には、主務官庁と業界との間のパイプ役となっている日本の業界団体の特有の活動も含まれる。

米国側からみると、このような業界ぐるみの排他的行動は、独禁法上も禁止されているのであり、実効があがらないのは刑事罰、課徴金などの制裁措置が甘く、違反抑止効果が働かないためであるという批判となる。

第二は、メーカーを中核とする垂直的な流通系列、生産系列である。この場合の流通系列とは、メーカーが自社製品を効果的にマーケティングするため構築した流通業者との関係を、また生産系列とは、メーカーと部品製造など生産工程の前段階にある企業との関係を指す。日本では、流通業者や部品製造業者の独立性が乏しく、特定メーカーと既に取引関係にある場合には、契約上の拘束はなくとも系列内企業が自主的判断でそのメーカーの競争業者と取引することは困難な状況にある。このため、外国企業の日本参入が妨げられている、というのが米国側の批判である。とりわけ、貿易不均衡をもたらす二大業種である自動車、家電業界におけるメーカーと自動車ディーラーや系列販売店、メーカーと下請部品納入業者との関係が排他的であると批判された。

この批判に対する日本側の対処方針は、次のようなものであった。

カルテル体質については、課徴金、刑事罰などの制裁措置を強化し、カルテル行為への違反抑止効果を高める。また、系列取引については、新規参入を阻害するような行為に対する厳格なガイドラインを公表し、事業者にそのような行為を取らないよう自粛を求めるとともに、そのような行為を重点的に取り締まっていくというものである。

課徴金とは、価格カルテル実施者から法定の率により算定された金額を義務的に徴収する制度である。その額はそれまで実行期間中の対象商品売上額の二%（製造業者）、または一・五%

（建設業者）であったのが、一九九一年七月にいずれも六％に引き上げられた。

さらに刑事罰では、公取委は「国民生活に広範な影響を与える悪質かつ重大な事件」「違反を反復している事業者・業界」は告発するという告発基準を公表したうえ、同年一一月に、食品包装用ラップ材の大手メーカー八社とその営業担当者を、一七年ぶりに刑事告発した。刑事罰については、当時、年一、二件は刑事告発するような審査体制を維持し、刑事訴追により、カルテルが悪であるという意識を社会や産業界に定着させることが期待された。

独禁法上、競争業者間のカルテル禁止が最優先の規制である。ハーバード学派、シカゴ学派など主要学派は、カルテル規制の強力な実行を支持しており、カルテルの禁止については理論上の難点はない。このように、独禁法上、カルテルの禁止が最優先課題であるにもかかわらず、建設業界における談合や業界団体による輸入窓口の一本化など、カルテルまがいの行動が公然と行われている日本の状況にはやはり問題があった。輸入制限カルテルや共同ボイコットなどの行為については、米国側から指摘されるまでもなく、本来、日本側が率先して是正すべきものであった。

## 系列取引の違法性

系列取引については、公取委が一九九一年七月に「流通・取引慣行ガイドライン」を公表した。そこでは、共同ボイコット、競争品の取扱い制限、相互取引など外国企業・外国商品の市場参入を困難にする行為類型を重点的に取り上げている。そして、市場占有率一〇％以上または上位三位以内の有力な事業者が系列化することは違法の可能性が大きいとするなど、その当時の判例法に照らしても厳格な違法性基準を設定した。

このガイドラインは、系列取引は「競争者の取引の機会を減少し、他に代わりうる取引先を容易に見出すことができなくなるおそれ(市場閉鎖効果)がある場合」に違法になるという考え方をとっている。

しかし、長期的な信頼関係を重視して取引先を選択する日本的取引慣行や、共同で継続的な研究開発活動をする生産システムの一部である系列取引については、経済合理性、生産効率性の観点からの評価は必ずしもマイナスではない。たとえば、自動車産業をみても、その購入部品は市販品、標準品と呼ばれる規格統一品と、特別仕様品、機能品と呼ばれる自動車メーカーと部品メーカーが開発設計段階から共同作業する必要がある部品とに大別される。生産系列とは後者の部品についての取引を指す。一九八〇年代の自動車製造をみると、日本では自動車メーカーが自ら製造する内製品の割合が三〇％、外部に発注する外製品の割合は七〇％だった。

これに対し、米国ではこの比率が内製品七〇％、外製品三〇％と逆である。日米とも主要部品については自動車メーカーが開発・設計段階から関与しており、それが日本では系列取引、米国では内部製造という形態をとっていることになる。

したがって、日本の自動車産業の生産系列それ自体は、不公正なシステムと評価されるようなものではない。また、新車開発期間の短さに見られる日本側の優位は、日本側の開発技術力が米国側を上回っていることの反映に過ぎない、という指摘もなされた。

その当時、米国連邦取引委員会が米国国内での日系自動車メーカーとその部品メーカーとの取引について調査したが、反トラスト法に違反する事実は見出せなかった。

従来、流通系列については、日米とも再販売価格維持の禁止に引きずられて、必要以上に厳格に規制する傾向にあった。しかも再販売価格維持規制は、再販売価格維持が当時進行していた悪性インフレの一因であると考えた国民の意識に基づき、一九七〇年代にきわめて厳格になった。ところが、一九八〇年代に米国でシカゴ学派が優勢になり、再販売価格維持を価格に関する制限という理由だけで全て違法とする理論上の論拠は乏しいことが明らかになった。米国最高裁は垂直的制限について緩和の方向に動き出し、系列取引についての独禁法の運用も競争政策上それほど問題はないという見解が有力になった。一九八〇年代以降、生産系列・流通系列は、米国反トラスト法上もかなりの程度まで許容されてきており、米国メーカーの中には系列取引の効率性を評価し、部品メーカーなどの系列化を進めるところも見られる。

そこで、系列取引については、系列取引・相互取引を行う旨の合意が明確に市場閉鎖効果をもたらすような場合に限って、その是正を求めることになった。さらに、公取委は、ガイドラインを踏まえて具体的な摘発事例や実態調査に基づく実例を積み重ねて、系列取引が独禁法に違反する場合をより明確にすることが期待された。しかし、系列取引についての規制実績が全くないことや、批判する声もなくなってきたことから見ると、系列取引については競争法上さほど問題はないという評価が固まったといってよいであろう。

## 日米共通ルールとしての競争法

日本市場開放をめぐる米国との通商摩擦について、それまで日本はその経済活動ルールそのものの抜本的な見直しをせず、個別分野ごとに米国企業や米国製品を逆差別的に優遇することによって解決してきた。しかし、貿易不均衡の是正に向けてのそのようなアプローチは限界に近づいていた。

一方、一九八九年の米加自由貿易協定発効や一九九三年のＥＣ経済統合に見られるように、地域的な経済統合や先進国間の市場の共同化が急速に進んできた。何よりも日米両市場の共同市場化が進み、そこでの経済活動ルールの統一が求められるようになった。

競争政策を基礎とする米国式経済活動ルールは、もともと多民族間の調整原則として多民族国家である米国で発展してきたものであり、理論的汎用性と透明性の点で優れている。他方、極めて独特な日本的経済活動ルールが統一ルールとなることは到底期待できない。そこで共通経済活動ルールとしては、公平なルールという理念的な優位や反トラスト法に対する米国国民の信頼と情熱から、競争法が中核を占めざるをえない。日本側も構造協議において独禁法違反を厳正に摘発・処罰していることを強調し、それを約束したのである。すなわち、日米間においては競争法に代わり得るルールは存在しない。このように、日米構造問題協議の最大の成果は、将来の日米共同市場における共同経済活動ルール確立の必要性やそのあり方を明らかにしたところにあった。

## 4　競争政策に向けての法整備

持株会社の解禁については、一九九五年末に事実上決着がつき、一九九七年の独禁法改正で実現された。その後、NTT持株会社をはじめとして、金融・航空の規制産業、一般製造業を問わず、持株会社が設立されて日本企業の体質強化や日本産業の活性化に貢献している。

この持株会社解禁については、解禁前の数年間、激しい論争が続いた。今日では、日本独自の規定である持株会社の全面禁止や、経済力の一般的集中を防止するという一般集中規制を廃止すべきことについて幅広い合意があるが、当時は、公取委や学者の多数が持株会社解禁に反対していたのである。この点から、持株会社の解禁問題は、独禁法上の企業結合規制のあり方を見直すとともに、独禁法を競争法として純化し日本独自の規制を廃止していくという象徴的な意味を持つことになった。

独禁法九条は、株式保有のみを目的とする「純粋持株会社」を禁止していた。しかし、事業を営む会社が、子会社や関連会社の株式を取得し、会社を支配することは「事業兼営持株会社」として許容されていたため、その当時でも大企業は株式所有による被支配会社を数多く有しており、同条の存在価値はなかった。

純粋持株会社の禁止は、他の先進国に見られない日本特有の規定である。この規定は戦前存在した財閥本社の復活を阻止するものであるが、三菱・三井・住友などの日本型企業集団の形成を阻止するという政策目標に実質的にどの程度貢献できるかについては疑問があった。現にいくつかの企業グループが存在している。また、持株会社を解禁したとしても、戦前のような財閥本社が復活するとは到底考えられない。

持株会社自体は、経済力の一般的集中を防止するという政策目的との関係では中立的である。会社が分社化を進めて統括持株会社のもとでの子会社方式で事業を行うか、事業部制を採用するかで、一般集中度、市場集中度に変化は生じない。このことは、経済力の集中について警戒的であった一九五〇―六〇年代の米国で、異業種間の混合型企業結合は厳しく規制されたが、持株会社を規制する声は出なかったことからも理解できる。

持株会社は、本社機能を強化し、新規分野への事業展開やグループの再編成など、グループ全体の中長期的視点に立脚した戦略を推進することに役立つ。すなわち、事業兼営持株会社の場合、親会社とかけ離れた事業内容の子会社であっても、人事制度や賃金体系などで親会社の制度を受け継ぐ例が多い。この点、本業を持たない純粋持株会社は、たとえば、傘下の重厚長大型メーカーは年功制にし、コンピュータのソフトウエア会社は年俸制とするなど、各社の事業内容に合った人事制度や賃金体系を個別に作りやすい。また、各事業部門を子会社化していれば、経営権の譲渡がしやすくなるなど、事業の再編・多角化を進めて素早く戦略的なグループ経営ができる。このため、純粋持株会社を解禁して欧米と同様に効率経営ができるような土壌を整えるべきである、という声が産業界などで強かった。

純粋持株会社の禁止が維持されてきた理由は、事業兼営持株会社を認めている以上、連結納税制度などが整備されていないことと相俟って、どうしても認めなければならないほどの必要性がなかったことにあった。しかし、持株会社の禁止を維持すべき特段の理由もないことは明白であった。

一九九七年改正では、旧財閥的な活動の復活を懸念する声があったために、総資産額が極めて巨額な純粋持株会社の形成を防ぐ目的で、事業支配力の過度の集中をもたらす持株会社の禁止が規定された。しかし巨大企業対策としては、他の先進国と同様に、独禁法上の株式取得・保有規制に基づく混合型企業結合への規制を実施することで十分であり、一般集中規制は不要である。

持株会社解禁を契機として、それ以降、株式分割・株式交換の導入、連結納税制度の見直しが進み、本格的に企業再編法制が整備されることになった。日本でも昨今みられるような、企業再編成が活発化する時代を迎えたのである。

### 私人による差止請求権

「不公正な取引方法」によって被害を受けた事業者や消費者が、その違反行為の差止めを裁判所に直接請求できる「私訴制度」は、二〇〇〇年五月の独禁法改正で成立し、二〇〇一年四月から施行された。

この差止請求権の創設は、自立した市民社会を形成する第一歩と位置付けられた。一九九七年頃から、当時の通産省主導で導入が検討され始めた。当初、公取委は乗り気でなかったが、不公正な取引方法として指定された行為の多くを不正競争防止法に禁止行為として規定する動きが出てきてから、差止請求権の導入に踏み切ることになった。

理論上は、すべての独禁法違反行為について差止請求権を認めることが妥当であるが、経済界の反対等もあって最終的に妥協の産物として、不公正な取引方法にかかる違反行為に対象が限定された。

それまで、大きな力を持つ事業者の不当な行為によって市場から締め出されていた競争者、メーカーの再販売価格の指示により販売活動に不当な制限を受けた販売業者などは、公取委に申告できるだけであった。申告しても事件として取り上げられるか否かは公取委の裁量によるうえ、現実には取り上げられたものは少なかった。二〇〇一年以降これらの被害者は、申告以外に裁判所へ直接救済を求めることができるようになったわけで、この改正の意義は大きい。

まず、独禁法上のルールの実効性が高まる。独禁法の施行体制に、裁判所と、被害者を代弁する弁護士が加わる。しかも、司法改革で法曹人口が増え、判決言い渡しまでの訴訟期間の短縮などが実現することになれば、その意義が一層強まるものと見込まれる。

次に、独禁法のルールの透明性が高まることが指摘できる。私人による差止請求権制度導入までは、公取委のみが違反事業者に排除措置を命じる権限を有していたが、日本の経済行政一般と同じように、公取委も行政指導や非公式の事前相談を多用してきたため、判審決によるルールの形成がなかなか進まなかった。この点、裁判所は提訴されると事件を処理せざるを得ず、また当事者が争う限りいかに難しい事件であろうとも結論を下さなければならない。さらに、地裁・高裁・最高裁というルートは確定に至るまでの透明性も高い。

知的財産法の分野では、日本企業も裁判により紛争を処理することをいとわなくなっている。また、地裁の知的財産専門部がそのルール形成において先導的な役割を果たしている。将来、独禁法の分野でも東京地裁などに専門部が創設され、公取委と並んでルール作りに大きな役割を果たすと見込まれる。

独禁法では違法行為が抽象的に規定されているため、独禁法違反事件を通じて裁判所に託された責務は重い。しかしながら独禁法は、弱小競争者や取引上の地位の弱者を直接保護しようとするものではなく、市場における競争、すなわち「公正かつ自由な競争」を保護するという基本理念を確認する必要がある。さもないと、一九六〇年代の米国で見られたように、裁判所への活発な提訴が、逆に、事業者の自由な事業活動を過度に制約していくことになりかねない。

とりわけ、競争政策が実施できなかった時期に採用した、取引上の弱者を保護する日本特有の独占禁止行政や公取委が唯一の施行機関であることを前提とする、違法行為の範囲を広くとらえた上で適切な裁量権の行使により妥当な結論を導くという考え方は、早急に改めていくべきである。

今後、経済行政は、官庁・業界一体となった旧来の事前調整型から、透明なルールを確立し、それに従った事業活動を行うという事後規制型に移行せざるをえない。独禁法は、自由主義経済社会の基本ルールを定めるものであり、経済界もそのことを受け入れ、ルールのあり方について積極的に発言していくことが望ましい。

また事業者にとっても、独禁法は自らの事業活動ルールとなるものであり、知的財産権訴訟のように差止請求訴訟を戦略的に活用するところまでいかなくとも、今後は妥当なルール形成に向けて主張すべき点は堂々と主張していくべきであろう。

導入から現時点までその差止請求を認容した事件は神鉄タクシー事件一件のみである。その原因として、被害者およびその代理人弁護士は、先に公取委に申告を行い、筋の良い事件は公取委が事件として取り上げるという実務があげられる。そのため、被害者が差止請求訴訟を提起する事件は公取委も取り上げなかった事件であって勝訴の見込みはそれほど高くない。

しかし、行為類型ごとのルールを形成するためには、独占禁止法に違反するという判決のみでなく、独占禁止法に違反しないという判決も同様に必要なのである。

現在までの差止請求訴訟の主要判決である、三光丸本店事件東京地裁判決、ニチガス事件東京高裁判決、日本郵政公社事件東京高裁判決などは、いずれも独占禁止法に違反しないとして差止請求を棄却したものであるが、その先例価値はきわめて大きく、差止請求訴訟のルールを形成する機能が高く評価されている。

**日本の競争法制の整備**

一九八〇年当時の独禁法の実体規定のうちで、国際的に認められている競争法の基本体系・競争ルールに照らし、日本特有の規制および規定といえるものを整理すると、①国際的契約の規制についての特別規定、②数多くの適用除外規定、③一般集中規制に関する規定(持株会社の禁止、大規模会社の株式保有の制限、金融会社の株式保有の制限)、④高度寡占規制に関する規定(独占的状態の規制、価格の同調的引上げ)――がある。

一九九七年以降の法改正によって、独禁法上のそれら実体規定は大幅に削減された。適用除外規定については、一九九九年改正で不況カルテルと合理化カルテルの適用除外が、また二〇〇〇年改正で自然独占の適用除外が廃止された。一般集中規制については、一九九七年の改正によって持株会社が実質的に解禁されて、事業支配力が過度に集中することとなる会社の禁止に変更されたうえ、二〇〇二年改正では、大規模会社の株式総額保有制限が廃止されて、金融会社の株式保有制限が緩和された。高度寡占規制に関する規定については、二〇〇五年改正に伴い、価格の同調的引上げの報告制度が廃止された。

さらに、手続規定についても、一九九八年改正で、それまですべての合併等に届出義務が課せられていたのを、合併、営業譲受等、株式保有などの届出範囲が一定規模以上のものに限定されることになり、二〇〇二年改正で、外国会社への文書送達規定が設けられた。このような手続法の整備は、国際基準に合致するものである。

また、今後必要とされる法改正を列挙すると、次のようになる。

国際的契約に関する特別規定は、国際カルテル協定、輸出入代理店契約、国際ライセンス契約、国際合弁事業契約などを規制するためのものであるが、今日、外国会社への文書送達規定の整備もあって、いずれの契約も中核規定である私的独占の禁止、不当な取引制限の禁止、不公正な取引方法の禁止により規制可能であるため、完全に存在意義がなくなっている。

適用除外規定のうち、無体財産権(知的財産権)の行使についての適用除外が残存しているが、判例法上、知的財産権関係の事件で枕言葉的に使用される程度で、実質的には適用除外規定として機能していない。この適用除外規定は、知的財産権関係の独禁法違反事件の処理に際して、当該知的財産権制度の趣旨や関係規定の内容を十分に考慮することを求める規定と解釈することで十分であり、将来的には廃止することが望ましい。

一般集中規制に関する規定のうち残存している、事業支配力が過度に集中することとなる会社の禁止と銀行および保険会社の株式保有の制限は、企業結合規制の株式取得・保有規制によって規制可能であって、屋上屋を架するような不要な規定である。

高度寡占規制に関する規定のうち、現在でも残っている、企業分割を認めた独占的状態に対する措置も、現在まで発動することを検討すらされたことがないうえ、私的独占の禁止等に該当する場合には排除措置として営業譲渡を命じることが可能であるから、廃止されるべきものである。

このように独禁法制は、日本特有の規定をすべて廃止したうえ、一層の簡素化を進めて欧米の競争法制に近づけることが、たとえ競争ルールのあり方にそれほど実質的な影響はないにせよ、さらなる課題となることは間違いないだろう。

# 第三章　カルテル規制と企業結合規制の今

## 1　三回の大改正　二〇〇五年から二〇一五年まで

### 一〇年前の五大目標

二〇〇三年ごろから独禁法関係者にとって実現するとは到底信じられなかった大改革が進行した。実現を目指したのは次の五大課題である。

第一に、カルテル(価格協定、数量制限協定、市場分割協定、入札談合)規制の執行力を強化してその実効性を確保すること。

第二に、企業結合規制を事前規制として純化すること。

第三に、行政審判を廃止して、取消訴訟方式の大陸法系の行政手続に移行すること。

第四に、確定金額算定方式の義務的課徴金を廃止して、上限方式の裁量型課徴金を導入すること。

第五に、事後規制において行為類型ごとの単一ルールを確立すること。

二〇一五年までに第三までが実現して、第四、第五の課題も実現の目安がついてきたのだ。

第三の課題は第四の課題の前提条件、第二の課題は第五の課題の前提条件。今後の課題である第四の課題と第五の課題に先後の関係はない。

第四の課題と第五の課題については、現在までに実現した事項も多い一方、今後の課題として残っている事項も多く、相互に関連しあうものであるために次章でまとめて取り上げよう。

**三回の改正で成し遂げた成果**

第一の課題は、二〇〇五年改正で課徴金額を引き上げて課徴金の性格を不当利得の剝奪から行政上の制裁に変更し、課徴金減免制度を導入。さらに、犯則調査手続を導入して重大なカルテルに対して効果的に刑事罰を科せることにした。これによって日本においてカルテルの禁止が初めて実効性をもつことになった。

第二の課題は、二〇〇九年改正で株式取得について事後報告から事前届出制に変更するとともに、売上高基準に従い事前届出制を全面的に整備。さらに、二〇一一年七月に企業結合審査手続について事前相談制から届出後審査制に変更した。これにより、企業結合規制の事前規制への移行が完了した。

第三の課題は、行政審判を廃止する改正法案が二〇一三年に成立して、二〇一五年四月一日施行により取消訴訟方式の大陸法系の行政手続に移行した。行政審判は本質的に不公平な手続であるうえ、国際的にも米国の片隅にしか存在しない手続であった。

## 2 二〇〇五年改正とカルテル規制の強化

### カルテル規制強化の動き

課徴金制度は、一九七七年に違法なカルテルによる不当利得の剝奪を狙い、カルテル禁止の実効性を確保するための行政上の措置として導入された。その当時は違法カルテルが多発し、累犯も多かったが、刑事罰、損害賠償請求はまったく機能していなかった。カルテルを破棄させ、その周知徹底を命じるという排除措置だけでは、カルテル実施者の手元に不当利得が残った。せめて、カルテルによる不当利得は剝奪して、やり得を防ごうとしたものである。

導入時には、実行期間中の対象商品売上高に、経常利益率を基礎とした一定率を乗じた額の二分の一をカルテルの不当利得とみなした。基本算定率を製造業について二％、その他サービス業（建設業）一・五％などと決定した。独禁法は初めてカルテルに対して実質的な制裁措置をもった。

刑事罰、損害賠償が相変わらず機能しないなか、一九九一年には不当利得の剝奪という性格を維持したうえで、実行期間中の営業利益のすべてがカルテルによる不当利得であると擬制して、基本算定率を原則六%に引き上げた。

刑事罰について、公取委は一九九一年に「国民生活に広範な影響を与える悪質かつ重大な事件」「違反を反復している事業者・業界」は告発するという告発基準を公表したうえ、同年一一月に食品包装用ラップ材メーカー八社と各営業担当者を刑事告発した。

二〇〇三年当時、公取委は年間二〇ないし三〇件のカルテルを摘発し、参加業者に課徴金を課していた。一九九一年以降は二年に一回の割合で刑事告発を行っていた。刑事告発がなされたカルテルでは企業、個人に刑事罰が科せられた。

しかし、独禁法上カルテルの禁止が最大の課題であるなか、それでも累犯が多く、違反抑止力が弱いとして改正が求められた。

しかも、カルテルが違法行為、犯罪行為であるという意識が日本社会に浸透するにつれて、実施者はより巧妙に証拠を残さないようにカルテルを実施した。義務的課徴金制度の下で、公取委はカルテル事件の行政調査を開始する前に自ら違反事実を報告してきたり、事件開始後に違反行為を認めたうえ、行政調査に全面的に(継続的に)協力する者に対しても、一律に売上高算定率によって算定した課徴金額を義務的に課さざるを得なかった。これでは、事業者に公取委に違反行為を報告したり、その調査に協力したりするメリット、インセンティブはまったく生じない。現実にも調査を受けた事業者は公取委の調査に徹底抗戦することが多く、そのため、公取委が立証できなかったカルテル事件も多かった。

さらにそれまでの手続では、公取委は排除措置命令など行政処分の賦課を目的とする行政調査を行いながら、刑事罰を科すための証拠を収集していたとみられかねず、そのような手続は憲法の適正手続の保障に反するおそれさえあった。

二〇〇六年一月施行の二〇〇五年改正は、カルテル規制をめぐるこれらの課題や懸念を一気に解決した。

## 橋梁入札談合の特質

この改正直前に摘発された橋梁入札談合は、国、地方自治体、公団などを合わせて年間三五〇〇億円の市場で、四〇年以上にわたり繰り返された、史上最大の入札談合かつ官製談合事件であった。

国土交通省ルートで、大手・古参一七社の「K会」と中小・後発三〇社の「A会」はそれぞれが常任幹事一社、副幹事二社を選び、幹事会社六社はワークと呼ばれる会合で、過去五年間の受注実績を基準にした「ベンチマーク」に応じ、二〇〇一年度から個別工事の受注予定会社を決めていた。

他方、日本道路公団ルートで、「K会」と「A会」に所属する橋梁メーカー四七社は、横河ブリッジの顧問に公団発注工事の受注調整を一任し、一九九六年から個別工事の受注予定会社を決めていた。横河ブリッジ所属の元公団理事は、OB親睦団体のかづら会が集めた工事情報や各社受注実績、受注希望などを参考にして、工事の配分表を作成。三菱重工業の次長の助言で最終決定し、石川島播磨重工業の部長が受注予定の各社に連絡していた。その後落札予定会社の担当者が入札の協力会社に連絡し、自社よりも高い応札価格を指示していた。

かづら会では、地区幹事に選任された一五人が、公団の各建設局の工事担当者から、工事情報を収集し、四人の全般幹事がそれを集約。代表幹事が配分を決める際の資料として元公団理事に情報を伝えていた。この元理事は各社OBに基本連絡ルートの数日前に結果を伝え、連絡を受けたOBは自社の営業担当者に事前に結果を伝えていた。

公団の最高責任者である副総裁や理事は、元理事から配分表の提示を受け了承していた上、元理事の受注調整に協力していた。公団の現役課長が代表幹事等に翌年度の工事情報を教えるなどOBによる受注調整に事実上協力していた。

### 調査の経緯と結末

調査の経緯を順に追ってみよう。公取委は二〇〇四年一〇月以降、国発注、公団発注、東京都発注の橋梁工事の入札談合の疑いで、橋梁メーカー四七社を含む約七〇社に立入検査。そこで、談合ルールを記載したルールブックと担当者の電話連絡名簿を入手した。だが、幹事会社担当者らは同年一〇月末に公取委対策会議を開き、談合の疑いを全面否認する旨申し合わせた。現実にも大半のメンバーは二〇〇五年五月まで公取委の事情聴取に対して談合の事実を否認し、さらに、立入検査後も受注調整を継続していた。

公取委は二〇〇五年五月二三日に国土交通省の東北、関東、北陸の三地方局が発注した二〇〇三年度および二〇〇四年度の橋梁工事で談合をしていた疑いで、談合二組織の幹事会社八社を検事総長に刑事告発した。東京地検は同日から関係各社の本社、担当者自宅など二〇箇所を捜索。五月二六日に告発された橋梁八社担当者一〇人と、その他の橋梁三社担当者四人の計一一社一四名を独禁法違反の疑いで逮捕した。東京高検は六月一五日に橋梁二六社と談合担当者八人を、二〇〇三、二〇〇四年度の受注調整につき、独禁法違反の罪で起訴した。

公取委は六月二九日に日本道路公団が発注した二〇〇三年度および二〇〇四年度の橋梁工事における談合の疑いで、橋梁三社を独禁法違反の容疑で検事総長に刑事告発した。東京地検は、同日から日本道路公団等を捜索、七月一二日に元公団理事と橋梁四社の担当者を逮捕した。公団副総裁を七月二五日に、公団理事を八月一日に分割発注を依頼されて指示・実行したとして、独禁法違反幇助と背任の容疑で逮捕した。

捜査の結果、東京高検は八月一日に、橋梁六社と元理事を含む談合担当者五人を二〇〇三年度および二〇〇四年度の受注調整につき、独禁法違反の罪で起訴した。さらに、東京高検は公団副総裁を八月一五日に、公団理事を一九日に独禁法違反と背任の罪で起訴した。被告らは配分表を了承するなど受注調整で主導的な役割を果たしたとして、共謀共犯であるとし、また一括発注する予定だった第二東名高速「富士高架橋」工事の分割発注を指示し、少なくとも経費五〇〇〇万円を増やし公団に損害を与えたとした。

この経過を見ても、違反行為を立証し事実を解明する点では、刑事捜査のほうが行政調査よりもはるかに強い。談合担当者が違反を認める供述を開始したのは刑事告発が確実になった後である。

### 犯則調査権の導入

カルテルに対する違反抑止のためには、個人にも懲役、罰金を科す刑事罰が最も有効な制裁である。

刑事罰がなぜ有効なのか。カルテル摘発後、事業者への制裁金額は、刑事罰、行政制裁金のいかんを問わず、カルテル実行期間中の対象商品の国内売上高を基準として算定される。そのため、事業者に対する制裁金では、いくら多額に見えても、多種類の商品を取り扱う大企業には違反抑止力とならない。当該法人事業者にマスコミなどを通じて社会的制裁を与える効果(スティグマ効果)が強調されてきた。

そこで、違反行為に関与した個人の責任を問い、懲役刑および罰金刑をその個人に科すのが最も効果的な手段となる。従来の独占禁止法違反事件では、社会的に犯罪行為として実刑を科すほどの悪性はないものと受け止められてきたため、個人についてはすべて三―五年の執行猶予付きの懲役刑で終わっている。談合を実施しても、執行猶予付きと思われるのでは、違反抑止力は働かない。今後、個人に実刑が科せられると、刑事罰の違反抑止効果が本格的に発揮されるだろう。

犯則調査手続は、刑事告発を目標として実施される。刑事告発を目標とすることを公知することになり適正手続上の懸念を一掃する。公取委に裁判官の令状による捜索・押収権限を付与し、カルテルへの事実解明力、証拠収集力を強める。

犯則調査手続の導入後、公取委が裁判官の令状による捜索、押収を行い、検察当局が逮捕、勾留により、関係者の身柄を拘束という形での合同調査が行われている。実際にも、刑事告発がなされるのは二年に一、二回の割合であるが、公取委と検察当局は世界でも最も緊密な関係を維持して事件捜査を行っている。公取委の刑事告発が直ちに検察当局の刑事訴追につながり、告発された事業者・個人に確実に刑事罰を科すという実態となっている。

**課徴金額の高額化**

二〇〇五年改正では、義務的な賦課と課徴金額の算定方法についてこれまでの課徴金の法的枠組みを維持した。そのうえで、大企業に対する算定率を六％から一〇％に、中小企業に対する算定率を三％から四％に引き上げた。さらに、過去一〇年間に課徴金対象となる違反行為を行った者に対する五〇％加算措置を新設した。

**課徴金減免制度**

減免制度については、調査開始(立入検査)前に申告し、その後の調査に協力する者については、一番目の申請者に一〇〇%免除を、二番目の申請者に五〇%減額を、三番目の申請者に三〇%減額を行い、また、開始前の申請者が三社に達していない場合には、事件調査開始後二〇日以内に違反行為を認めて調査に協力する者について、三番目の申請者まで一律三〇%減額を認めることとした。ただし、調査開始前の減免申請は公取委が既に把握している事実に係る者であっても減免を認めるが、調査開始後の減免申請は公取委が既に把握している事実に何らかの追加事実を加えたものであることを要する。

刑事告発の可能性を残す現行法制下では、公取委と検察当局が調査を開始する前に情報提供を行った違反行為者に対しては、公取委の課す課徴金を免除するとともに、その従業員を含めて刑事罰も免除する制度設計が望ましい。だが、現行法制下では、検察庁は自首してきたものに対し、その時点で起訴猶予処分を確約できない。自首に相当する事実があったことを理由として起訴猶予とするなど、それを公訴提起等で最大限考慮することを約束できるだけである。そこで、公取委が刑事告発において最初の情報提供者を告発対象者から除き、さらにその意向を検察庁に事実上尊重してもらうという訴追免除を事実上導入することで最終的に決着した。

## さらなる執行力の強化

二〇〇九年改正で、課徴金の制裁機能の強化とさらなる課徴金減免制度の整備が実現した。主導的役割を果たした事業者については、課徴金の売上高算定率を五割増の一五％とし、カルテルに対する除斥期間（違反行為がなくなってから命令を行えるまでの期間）をそれまでの三年から五年に延長した。

課徴金減免制度の整備については、課徴金減免者数をこれまでの三社から五社までとした。ただし、調査開始後は最大三社までに三〇％減額を認めるものとした。したがって、調査開始前は、申請順で第一位社全額免除、第二位社五〇％減額、第三位社以下第五位社まで三〇％減額となる。また、グループ会社による共同申請を認めることとした。すなわち、グループ会社の共同申請は単独で行われたものとみなし、共同申請したグループ会社はすべて申請順について同一順位となる。ただし、調査開始前第四位以下および調査開始後の申請は「既に公取委によって把握されている事実」に何らかの追加事実を加えたものであることを要件とした。

これによって、減免制度は公取委および事業者側にとって一層使い勝手の良いものとなった。本来は欧米のように裁量のある制裁金制度の下で、申請順に一定の減額幅を定めて、公取委が証拠価値により減額率を決定するような仕組みが望ましいが、課徴金の枠組みを反映し、減免制度も裁量性のない画一的な制度としている。

改正後課徴金の法的性格は明白に行政上の制裁である。課徴金額の決定にあたり、カルテル対象商品の売上高、企業規模、累犯、主導的役割、早期離脱、自主申告を考慮要因としている。この課徴金額の決定要因は、行政制裁金の代表であるＥＵの行政制裁金の制裁金額決定の考慮要因と比べてもそれほど差はない。

**課徴金減免制度のすさまじさ**

リーニエンシーとも呼ばれる減免制度は、誰もが想定していなかったほどのすさまじい威力を発揮した。

経済界は、減免制度につき司法取引と同様な性格をもち、違反した者の責任を問わないことになり国民感情に反する、密告や裏切りを勧め倫理面から日本の文化に合わないとして反対してきた。実施前には、公取委でも業界内で協調的行動を取りがちな日本社会の慣行のため効果を発揮できるか懸念していた。

ところが、減免制度導入以来平均で年間約八〇件の報告が寄せられており、日本の大企業が積極的に活用した。そのため、建設業（ゼネコン）、鉄鋼業、化学産業におけるカルテルは一掃される勢いである。生真面目な日本人の気質に合致し、英、仏、独、韓国よりも有効に機能しているのではないかとまでいわれている。

調査開始前でも、会社の取締役等が、自社の営業担当者などがカルテルに参加していることを知った場合の対策としては、直ちに減免を申し立てる、違反行為を中止させてそのままにしておくという、という選択肢があるが、取締役等は放置すると株主代表訴訟で将来の課徴金等についての個人責任を問われるおそれがあるため、減免申請を選択せざるをえなくなっている。現実にも減免の申請を怠ったことを理由として取締役等に株主代表訴訟が提起され高額な和解金を支払う事例が出ている。

ましてや、調査開始後は、立入検査を受けた事業者は、課徴金の軽減を受けるためには公取委が入手している証拠以上の新たな証拠を提出する必要があるために、詳細に事実関係を調査した上、自社がカルテルに参加していると判明した場合には一刻も早く公取委に報告を行うしかない。

さらに、減免制度は、独占禁止法違反事件にかかる弁護士実務も大きく変えつつある。これまでは、同一弁護士が複数の関係会社を代理している事例も見られたが、減免申請は各社単独で行う必要があるために、カルテル参加者間の利益相反の問題を避けるために各弁護士が一社のみを代理する慣行に移行している。

また、欧米では文書提出命令を受けると現存する文書は確実に競争当局に提出されているが、日本でも、弁護士および事業者ともコンプライアンス、内部統制システムの整備に従い欧米の行政調査への対応と同一の対応をせざるを得なくなっている。さらに、減免制度導入に伴い、事件開始の前後を問わず、事実関係を調査した上カルテルに参加していると判明した場合には一刻も早く公取委に報告を行うことが仕事となっている。改正前は企業および弁護士は公取委の調査に徹底抗戦してきたが、改正後は減免の申し立てを行うためにも関連文書の破棄を止めるよう指示するなど、カルテルの調査について協力へと大きく態度を変えてきている。

当然のことながら、減免制度の活用は公取委のカルテル審査実務も大きく変えた。調査の正式開始前に、違反事実の概要や担当者名がわかっているのでピンポイントに対象を絞った立入検査等が実施でき、公取委のカルテル立証は格段と楽なものとなった。

経済犯罪においては、自然犯罪と異なり、自白を求めて厳しい取調べを行うよりも、減免制度を活用して効率的な調査を行うことが相当である。

## 3　建設談合への取り組み

### 恒常的な談合行為

日本では、建設業は単品受注の請負型産業であって、建設業者のほとんどが中小企業であるという特性をもつことから、一種独特な産業であると考えられてきた。

とりわけ公共工事については、公共性の観点から発注官公庁が、設計・発注にあたり特別の配慮をすべきであると考えられてきた。一定規模以上の公共工事になると、担当官公庁が自ら設計し、発注にあたっても指名競争入札制度が採られていた。この指名競争入札制度の下で、指名制度(あらかじめ建設業者につき審査・格付けをしておき、さらに個別工事ごとに入札業者を指名する制度)、予定価格制度(あらかじめ発注官公庁が工事価格を積算しておき、その予定価格を上回った価格を入札した業者は落札できないことにする制度)が設けられている。また、建設業界では公共工事についての談合は長年必要悪であると考えられ、談合することがほぼ常識となっていた。政界等との癒着もやむなしと受け取られてきた。

かくして、一九八〇年頃には、「欧米でも談合は存在し各国とも談合の取り締まりに取り組んでいるが、日本のようにほとんどの公共工事が談合によって落札されることはない」という国際的な評価が定着することになった。その当時、公共建設・土木工事においては、大手ゼネコン間および地場の中小建設業者間で入札談合が広範に行われていた。

この点、欧米では、建設業が他の一般産業と異なるものとは考えられていない。米国では、大型公共プロジェクトの基本設計も民間のコンサルタント会社が担当する。また、官公庁の発注する建設工事についても、官公庁の物資調達と同様に、一般競争入札で行われる。

### 摘発の開始とその中断

建設談合の摘発は、一九八一年の静岡県下の建設業団体に対する件から開始された。それは、多種類の工事を含む総合建設工事に対する最初のものであり、一九八一年九月の公取委の立入検査によって、入札談合問題が社会的・政治的関心を集めた。この件は、静岡・清水・沼津の各市およびその周辺の建設業団体が、地方公共団体などの発注する建設工事について受注予定者をあらかじめ決定し、入札価格等を調整して受注予定者に落札させていたものである。具体的には、指名業者が入札日前日に話し合いで、工事受注に関する貸借関係、立地条件、工事との関連性、手持ち工事量、工事の専門性などを考慮しながら受注予定者を決定するのであり、話し合いで決まらない場合には、建設業団体の役員が最終的に受注予定者を決定することになっていた。典型的な談合ルールであって、全国各地で広範囲に実施されていると想像された。

この公取委の動きについては、政府部内、国会からの反発がきわめて強かった。そのため、この審決以降公取委は、建設談合の摘発に消極的な姿勢に転じた。公取委は一九八四年二月に、建設業団体による調整活動の限界を明らかにする目的で、建設業団体の情報提供活動や経営指導活動等に関する指針を公表したが、これは社会的に公取委が建設業界の調整活動を容認したものと受け止められた。

### 本格的な建設談合の取り締まり

その後、一九八八年の米国海軍発注工事入札談合事件の立入検査まで、建設談合への強制調査は実施されなかった。米国海軍発注工事入札談合事件は、同海軍極東建設本部の発注する建設工事等の入札参加業者を会員とする米軍工事安全技術研究会および鹿島建設が、決定したルールに基づき、入札書類を受領した者にその工事の打ち合せ会を開催させ、受注予定者を決定し、受注予定者が受注できるように調整していたというものである。

続いて、公取委は一九九二年五月に、ダム工事などの公共工事で談合を繰り返していたとして、埼玉土曜会の会員六六社に対して排除勧告を下した。さらに、一九九三年のゼネコン汚職事件では、東日本のゼネコンレベルの談合組織が摘発を受けた。この件では、ゼネコン各社から国会議員や地方政界に多額のヤミ献金がなされていたとして、ゼネコン大手六社の副社長クラスが贈賄容疑で、茨城県知事・宮城県知事等が収賄容疑で逮捕された。

その後も、地方公共団体の発注工事に関して、中小建設業者での入札談合が数多く摘発されている。これらの事件の判決では、談合行為がいずれも昔から恒常的に行われてきた旨認定されている。

日本では官民ともいまだに、特定地域における同種の建設工事については、同ランクの建設業者間で公平に配分すべきであるという考え方が強く、また大規模プロジェクト等については入札以前の官民一体となった事業性調査などの段階で担当建設業者を絞り込んでいく慣行が残っている。他方、一九九二年頃から独禁法違反や競売妨害罪での建設談合の摘発事件件数が増えており、日本でも本格的な摘発が開始されたといえる状況になった。

### 公共工事調達制度の改革

入札談合は違法かつ犯罪行為であるという意識が、日本社会でもようやく確立し、浸透してきたと評価される。

摘発された場合の制裁も重くなっている。刑事罰や課徴金のほか、発注団体による指名停止期間は従来の二ないし三か月間から六か月や一年間と長くなり、損害賠償請求についても請負契約にその金額の一〇ないし二〇%を談合違約金として徴収する旨の違約金条項が挿入されて発注者が落札会社に損害賠償請求することが通例となっている。

官製談合の摘発も盛んに行われている。公取委は一九九九年一〇月に、北海道上川支庁が発注する農業土木工事に関して、建設業者等が入札談合を行っている疑いで立入検査を行った。この事件は、北海道庁が二〇〇〇年三月に入札前に落札業者を割り付けていたことを認めたために、本格的な官製談合として大きな話題となった。

公取委は、同年五月に建設業者等二九七名に対して、北海道上川支庁が指名競争入札等の方法により発注する農業土木工事等について受注予定者を決定しその受注予定者が受注できるようにしていたことが、不当な取引制限に該当するとして勧告を行い、すべての名宛人が応諾したため同年六月に勧告審決を下した。この審決において、上川支庁の業務担当者が指名競争入札前に、発注予定の農業土木工事の物件ごとに受注予定者に関する意向を旭川農業土木協会の事務局長に示していた旨認定している。

官製談合であれ、建設業者も利益を得ており、発注者側が主導したり個別物件の受注予定者に関する意向を示したりすることで、直ちに、競争自体が存在しない、事業者間に意思の連絡がない、などの主張が認められるべきでない。

この事件を受けて、二〇〇二年に、発注体職員の談合行為への関与を防ぐ目的で、関与した職員に懲戒処分や損害賠償支払い義務を課すとした「官製談合防止法」が制定された。二〇〇六年度頃に導入された電子入札に併せて、指名競争入札を一般競争入札に移行させる動きが進んだ。発注官公庁主体で入札談合そのものができないような入札制度を構築することが肝要なのである。

同ランクの建設業者が自由に入札に参加できる形の条件付一般競争入札を採用すると、または応札可能業者数が一〇〇社を超えると、誰が入札してくるかわからず、実質的に談合はできなくなる。実際にも、二〇〇〇年頃には条件付一般競争入札のもとで落札価格を予定価格で割った落札率は八〇%台に下がった。指名競争入札では工事ごとに五—六社が指名されるのが通例であるが、指名競争入札の下でも指名業者数を二〇社程度に増やすと、談合は困難になる。

また、ゼネコンが担当する高度な技術力を要する工事については、価格だけでなく、品質や技術など多様な評価基準を勘案する総合評価による契約者選定方式が採用されている。さらに、競争的交渉方式の導入や、設計段階からの事業者の技術提案などが活用されてきている。

その一方で、近年、地方自治体では、災害協力業者、成績優秀業者などの名目で、指名競争入札で優遇して一定数の地場の中小建設業者を残そうとする動きも目立つ。ダンピング入札を防ぐとの観点で最低制限価格の引上げ、低価格入札制度の失格基準の引上げ等の結果、平均落札率が、八五％前後から九〇％超に上昇した地方自治体も多くなっている。

今日でも東日本復旧工事に関する入札談合事件など建設談合は刑事告発の主たるターゲットとなって摘発が続いている。建設談合が根絶されたといえるようになるまでには時間がかかるのであろう。

## 4　国際カルテル規制の強化と域外適用の開始

### 九〇年代中頃からの国際カルテルの摘発

一九九〇年代中頃から国際カルテルの摘発が続いた。米国司法省は、欧州企業・日本企業を中核メンバーとする化学・医薬品業界等における国際規模のカルテルの摘発に成功し、それを受けてカナダ・EUを始め、主要競争当局がカルテルを認定して制裁を科していった。

これらの国際カルテルは、世界的な規模で拘束力の強いものであった。米国・EU等において課せられた制裁金の金額は、いずれの国においても、それまでの制裁金合計額を大幅に上回る巨額なものとなり、さらには欧州在住の会社役員が米国の刑務所に収監されるまでになった。ところが日本では、ビタミン剤国際カルテル、黒鉛電極国際カルテルに対して立入検査を行ったが、日本企業が主要メンバーでありかつ違反行為の一部が日本国内で行われたにもかかわらず、いずれも違反行為を立証できず課徴金を課すまでに至らなかった。かくして、一九九〇年代後半には、公取委の調査能力の弱さが指摘され、さらには国際的にも日本の国際カルテル規制の弱さが目立つことになった。

**ビタミン剤国際カルテル事件の経緯**

一九九〇年代以降に摘発された国際カルテルの中で、ビタミン剤国際カルテルが、カルテルの規模や科せられた制裁の重さの点で、史上最大のものといえる。この事件に対する各国競争当局の処分を時系列で見ていくと、次のとおりである。

① 米国　一九九九年五月二〇日　第一回起訴(司法取引による刑事判決で終了)
② カナダ　一九九九年九月二二日　第一回起訴(司法取引による刑事判決で終了)

③　オーストラリア　二〇〇一年二月二八日　民事同意判決
④　日本　二〇〇一年四月五日　警告処分
⑤　EU　二〇〇一年一一月二一日　欧州委員会決定
⑥　韓国　二〇〇三年四月二三日　決定（排除措置命令および課徴金納付命令）

ビタミン剤国際カルテルは一九九一年から始まり、すべてのビタミン剤にわたる全世界ベースの、シェア割り協定・数量制限協定・価格協定を含むものであった。首謀者はスイスのF・ホフマン・ラ・ロシュ社（以下、ロシュ社という）で、会合の議長を務めている。年一回の最高レベルの会合において、年間予算（バジェット）と呼ばれる、次年度の全世界ベース・地域ベース・国別のシェアや販売数量を決定した。次年度の価格引上げ（その是非）、引上げ時期（四月一日から等）、引上げ幅（五―一〇％）、引上げ方法（先行者の決定）についても詳細に決定された。

日本で審査の対象となったビタミンB5、ビタミンEの国際カルテルをみると、ビタミンEについては、ロシュ社四六％、BASF（ドイツ）二八％、ローヌ・プーラン社（フランス）一五％、エーザイ一〇％、ビタミンB5については、ロシュ社四三％、BASF二三％、第一製薬三四％とシェアが割り当てられた。

地域別に全世界を欧州、北米、南米、アジア・太平洋の四地域に分けた上、アジア・太平洋地域については、各国別——日本、中国、オーストラリア、ニュージランド、その他の地域というように分けられた。各参加事業者におけるカルテル担当者は所属する法人は親会社・子会社など異なっていても、担当者自身は本社・地域統括者・国別の責任者と一本の線でつながっている。

具体的な実施行為は、地域ベースの地域統括会社または現地子会社の販売責任者からなる実務者レベルの会合で行った。地域ごとの会合は、年四回、四半期ごとに開催された。各企業から、四半期ごとの地域・国別の販売数量が報告されて、シェア割り、数量割当を遵守するように監視・調整が行われた。国ごとの販売数量において、計画値と実績値に乖離があると、地域統括会社の指示により地域ベースのシェア割り、数量比率に合致するように国ごとでの販売数量の調整が行われていた。

**日本でのビタミン剤カルテル事件**

公取委は二〇〇〇年一月に立入検査を行い、かなりの事実関係を把握したものの最終的に翌年四月に警告処分で終了している。

警告で終了して法的措置にまで至らなかった理由としては、以下の二点が挙げられる。

第一に、立入検査による調査開始が遅れたことである。一九九九年春から夏にかけて日本企業は米国司法省、次いで欧州委員会、カナダの競争当局に違反事実を認めて調査協力する旨通告し、それら競争当局から制裁金について減額を受けた。公取委が一九九九年夏に調査を開始していたら、日本企業は、日本でのみカルテルの存在を否定することも難しく、違反行為を認める可能性が強かったはずである。

第二に、日本で減免制度(リーニエンシー制度——あらかじめ定められた要件に基づいて、自発的に違反事実に係る情報を提供した事業者に対して制裁措置を減免する制度)が導入されていなかったことである。仮に、日本でもEUと同様に課徴金の減免制度が認められていたら、日本企業は、欧州委員会、カナダ競争当局に対するのと同様かつ同時に公取委に申告し調査協力した可能性があった。

**国際カルテル規制の実効性と調査能力**

ビタミン剤国際カルテル摘発に至るまでの経緯として、欧州委員会決定によると、ローヌ・プーラン社は、ヘキスト社(ドイツ)との合併の障害になることを恐れてカルテルから脱退し、一九九七年末、米国司法省および欧州委員会に申告した。その後、ロシュ社が米国の大陪審捜査を受け、一九九九年前半に米国司法省に違反事実を認めた上、調査協力を申し出る旨決断している。また、欧州委員会およびカナダ競争当局にも違反行為の申告、調査協力を申し出た。ビタミン剤国際カルテルに参加した日本企業を含む関係各社も、まず米国において事件調査に対応する必要に迫られ、違反事実の申告、調査協力を申し出る旨決断し、その後、欧州委員会、カナダ競争当局に違反事実の申告、調査協力を申し出ている。

この事件では、ロシュ社をはじめ関係各社は、当初、日本、オーストラリア、韓国等の競争法についてはほとんど無視し、申告はもちろん、調査協力も行わなかった。しかし、後日オーストラリア、韓国では、当局の調査開始を受けて関係各社は最終的に違反事実を認めている。

このことは、一九九九年当時における主要国競争法のカルテル規制の実効性、カルテル摘発能力を反映している。すなわち、米国司法省が圧倒的な調査能力を有し、その後に、欧州委員会、カナダ競争当局が続いている。

**マリンホース国際カルテル事件の経緯**

このカルテルは、自国市場は自国企業が独占するというホームマーケットルールを基本とした典型的な国際市場分割協定である。マリンホースとは、タンカーと石油備蓄基地施設等との間に用いられるゴム製ホースをいう。

横浜ゴムが、二〇〇六年一一月ごろに、米国、EU、日本、カナダなどの競争当局に同時に申告を行った。この申告を受けて、米国、EU、カナダ、日本の競争当局は翌年五月に一斉に立入検査等を行って調査を開始した。米国司法省の担当者が横浜ゴムの担当者に成りすまして、関係者八名をヒューストンのホテルに招集して一斉に身柄を拘束したというおとり捜査が行われたことでも有名である。

米国では、日本法人ブリヂストン、英国法人ダンロップ、フランス法人トレルボルグ、イタリア法人マヌーリ、イタリア法人パーカーのうち、司法取引によって、イタリア法人マヌーリ、英国法人ダンロップに刑事罰金が科せられている。さらに、コーディネーターである英国人コンサルタント一名、日本法人ブリヂストンの社員一名、英国法人ダンロップの社員二名、フランス法人トレルボルグの社員二名、イタリア法人マヌーリの社員二名、イタリア法人パーカーの社員一名、合計九名に、司法取引によって、刑事罰(禁固刑および・または刑事罰金刑)が科せられている。英国人三名については英国に引き渡されたうえ、二〇〇六年施行の英国会社法に基づきはじめて起訴されて、二〇〇八年六月に、コンサルタントは三年間の禁固刑、ダンロップ社員は二年六か月と三年間の刑事判決を下され、英国の刑務所に服役した。その他の者は米国の刑務所に服役している。

欧州委員会は、二〇〇九年一月に関係会社五社に総額一三一・五一百万ユーロの行政制裁金の支払いを命じている。その内訳は、日本法人ブリヂストン五八・五百万ユーロ（首謀者として三〇％増額）、英国法人ダンロップ一八百万ユーロ、フランス法人トレルボルグ二四・五百万ユーロ、イタリア法人マヌーリ四・九百万ユーロ（三〇％減額）、イタリア法人パーカー二五・六一百万ユーロ（首謀者として三〇％増額）である。

**初めての域外適用事例**

この件で、公取委は、日本事業者二社および外国事業者六社の関係八社が、一九九九年一二月以降、特定マリンホースについて、日本、英国、フランスおよびイタリアの四か国を特定マリンホースの使用地とする場合には、使用地となる国に本店を置く者を受注予定者とし、複数の事業者がこれに該当する場合には、当該複数の事業者のうちのいずれかの者を受注予定者とすること、本店所在国以外を使用地とする場合には、あらかじめ各社が受注すべき特定マリンホース（本店所在国を使用地とするものを除く）の割合を定め、当該割合等を勘案して、コーディネーター（八社が特定マリンホースの受注予定者の選定等の業務を委任した者をいう）が選定する者を受注予定者とすることという合意をしたとして、ブリヂストン、英国法人ダンロップ、フランス法人トレルボルグ、イタリア法人マヌーリおよびイタリア法人パーカーの五社に対して、違反行為の取り止めを確認することなどの排除措置を取ることを命じた。さらに、ブリヂストンに対して課徴金二三八万円（三〇％減額）の納付を命じた。

この国際カルテルの形成、実施のための会合は日本国外で行われた。公取委は、この件で海外での行為に独禁法を適用し法的措置をとったという意味ではじめて独禁法を域外適用した。

この事件以降、公取委は、二〇一〇年二月二三、二四日に、米国司法省、欧州委員会とともにワイヤーハーネス（自動車用組み電線）の件で同時に立入検査を行ったように、国際カルテル摘発に主要競争当局と調査協力して取り組むようになった。

## 5　二〇〇九年改正と事前規制としての企業結合規制の確立

### 企業結合規制の課題

企業結合とは、それまで独立していた複数事業体が実質的に単一事業体となることをいい、その手段として株式取得、合併、事業譲受、会社分割が用いられる。各国ともに一定規模以上の企業結合について競争当局が競争単位、事業単位の減少の影響を当事会社の事前届出を受けて審査することになっている。

日本の企業結合規制についても、二〇〇六年の企業結合ガイドライン改定後は、国際標準的な内容の審査がなされていた。しかし、手続面で二〇〇九年改正前は課題が多かった。

第一に、他の企業の株式を一定規模以上取得する場合に事後報告が採用されていた。これを合併や営業譲渡と同等に扱い、事前届出制とする必要があった。それにより規制の実効性は事後の報告と比べて格段に高まる。

第二に、透明性の向上である。日本では、重要な企業結合案件も、事前届出前の非公式の事前相談において、必要に応じて行政指導する形ですべて処理されていた。条件付きで承認する重要な企業結合案件については、欧米と同様、法の建前通りに、事前届出後に正式に審査して法的措置を取る必要があった。さもないと、国際企業結合案件審査についてその当時米国・EU競争当局間で実施されていたような、二国間協力協定に基づく競争当局間協力はできない。

### 届出制の整備

企業結合の届出制度については、二〇〇九年改正で抜本的な改善を行い、欧米並みの届出制を実現した。

まず、株式取得による支配権の取得について、次のような改正を行った。

第一に、会社の株式取得について、それまでの事後報告制から、合併等と同様に事前届出制に変更した。

第二に、株式取得の届出基準について、株式取得会社についてそれまで当事会社と出資比率五〇%超の親会社および子会社との合算資産額のみを基準としていたことから、企業結合集団(株式取得会社の属するグループ内の最終親会社およびそのすべての子会社のグループ)の国内売上高二〇〇億円超とし、株式被取得会社(株式発行会社)について、当該会社の総資産一〇兆円超から当該会社およびそのすべての子会社国内売上高五〇億円超とする。

第三に、届出基準を満たす出資比率について、一〇%超、二五%超および五〇%超の三段階から、二〇%超および五〇%超の二段階に簡素化した。

第四に、外国会社に対しても、国内会社と同様な届出義務を課すことにした。

次いで、合併、分割、事業等の譲受けについて、株式取得と同一内容の事前届出制度を採用することとした。すなわち、届出基準の算定対象範囲を原則として企業結合集団に拡大し、国内売上高を届出基準として用い、届出基準額を原則として二〇〇億円超と五〇億円超とし、外国会社についても同様な届出基準を適用することにした。

最大の改正事項は、有効な企業結合審査を実施するために、届出対象となる企業結合の範囲を決める届出基準値の算定において、企業結合集団概念を創設して出資比率五〇%超でつながる企業グループ内のすべての会社の数値を合算することとし、グループ会社内の究極の親会社に届出義務を課すことにしたことである。

**事前相談制から届出後審査制へ**

公取委は、二〇一一年七月から、企業からの事前相談のなかで最終回答まで行い、その後に企業が正式届出を行うというそれまでの事前相談制を抜本的に変更し、事前届出後に実質的審査を行うことにした。

見直し後の手続は、EU競争法上の企業結合審査にかなり近いものである。EU型企業結合手続では、重大案件については、届出前相談期間が二、三か月と長くなるが、実際には届出前相談段階で、三〇日間の第一次審査で終了する案件か第二次審査に移行する案件かが判別される。そのため、EUにおける重大案件については、第一次審査と第二次審査が連続、一体化し、その審査期間は届出前相談開始日から一〇か月程度で終わるのが通例である。見直し後企業結合審査は、EUと同様に第一次審査と第二次審査を連続し、一体化させるものとなっている。

かくして、三大規制（共同行為規制、単独行為規制、企業結合規制）のうち、企業結合規制を事前規制として事後規制から切り離すことが実現した。

**日本産業の実態に合わせた審査基準**

公取委は、近年日本の経済環境に合致した企業結合審査を志向してきた。二〇一一年七月には一部審査基準を改訂し、さらにその流れが加速している。

改訂の内容は、①国際競争力を向上させるため、地理的範囲として国内市場だけでなく広く世界市場やアジア市場を画定し、輸入品流入も重視する、②成熟産業における再編を進めやすくするために、構造的に縮小している市場で企業結合を認めやすくする、という日本産業の実態に合わせた審査を行うというものである。

日本経済の実態からみて、どの業種でも日本を拠点とする多国籍企業としては一業種二社程度しか長期的には生き残れないというのが基本認識である。この見直しは、審査手続の抜本的変更とともに、日本経済の実態に合致し、かつ国際的に遜色のない企業結合規制を確立しようとするものである。

### 新日鉄・住友金属工業合併案件

鉄鋼業界で見ても、世界の鉄鋼メーカーの二〇一〇年粗鋼生産量のランキングで圧倒的第一位がアルセロール・メタル(ルクセンブルク)。上位一〇社のうち五社を中国、インド、ブラジルの新興国企業が占める。そのため、日本の鉄鋼業界も新日本製鉄、JFEスチール、住友金属工業、神戸製鋼所の四グループがさらに再編されることは時間の問題であると認識されていた。このような状況下で、国内一位(世界四位)の新日本製鉄と同三位(世界一九位)の住友金属工業は、二〇一二年一〇月に合併することで合意した。両社は二〇一一年三月一八日に公取委への届出前相談を開始し、五月三一日に合併計画の正式届出を行った。審査基準改定が反映される初の大型合併案件であり、公取委の審査内容が注目された。

公取委は、国内で当該企業の市場占有率が高くなる六分野(鋼矢板、スパイラル溶接鋼管、熱延鋼板、H形鋼、無方向性電磁鋼板、高圧ガス導管敷設事業)について重点的に調査。その結果、四分野ではそのままで問題なしとする一方で、二分野では一定の措置を講じると競争上の問題はなくなるとして、一部条件付きで合併を承認した。

具体的には、以下のとおりである。問題なしとした四分野のうち、鋼矢板については、「有力な競争事業者が存在し、十分な供給余力を有している」「需要が縮小していく中で需要者からの競争圧力が働いている」とし、スパイラル溶接鋼管については、「市場占有率一〇%を超える有力な競争事業者が複数存在し、これらの事業者は供給余力を有している」「需要者からの競争圧力が働いている」と説明。熱延鋼板(自動車向けなど)について、「有力な競争事業者が複数存在し、それらの事業者は供給余力を有している」「韓国や中国からの輸入品が流入し、輸入比率が約一五%に達している」とし、H形鋼(建築・土木資材)については、独立系電炉メーカー二社を含む競争事業者三社の間で活発な競争が維持されているとして、問題解消措置までは求めなかった。

一方、公取委が問題視した二分野では、エアコン用モーターなどに使う無方向性電磁鋼板で、「住友商事に国内ユーザーに係る住友金属の商権を譲り渡す」、高圧ガス導管敷設事業では、「新規参入業者に当該鋼管や自動溶接機を合理的な条件で供給する」という条件を付けたが、この措置で問題解消は可能だと判断した。

この決定は、過去の合併事例と比べて公取委が企業の競争力強化に配慮したものといえる。これで、公取委の厳しい企業結合審査のために、日本企業の国際競争力の強化が進まない、成熟産業における集約化が進まないという、経済界や経済産業省からの批判はほぼ一掃される結果となった。もっとも、公取委の企業結合規制は当事会社が企業結合を決意する際に審査するものであって、人為的に業界の再編を進めようとするものではない。

### 審査手続のスピード・アップ

審査手続の変更を受けて、従来と比べて審査期間が長期化するか、短縮化されるのかも注目を集めた。

ここで今回の合併計画承認までのスケジュールを振り返ると、二〇一一年三月一八日に届出前相談が開始され、五月三一日に合併計画の正式届出が行われた。その後、公取委は六月三〇日に合併計画に関する報告等を要請して、第二次調査を開始した。一一月九日に要請した追加報告等を受理し、一二月一四日に正式届出書を修正させることにより審査を終了した。この件で、公取委は正式届出受理後、直ちに薄板、鋼矢板、鋼管など一〇種類について影響調査を開始している。

また、今回の合併案件の届出前相談開始日から終了日までの審査期間は約九か月であった。これまでの公取委の企業結合審査では、この規模の合併については少なくとも一年以上は必要としていた。この点で、日本の企業結合審査は迅速性の点でも十分に国際標準に到達したといえる。

**国際企業結合案件の審査協力**

異なる国に拠点(本店)を有する企業間の国際企業結合が増えている。複数国が企業結合審査を行う権限を有し、結局複数国に事前届出を行いその審査を受けざるを得ない。

同一国に拠点を有する企業同士の企業結合であっても、当該企業の売上高が多い国の競争当局に事前届出を行い承諾を得ることが必要である。現実にも、日本企業同士の企業結合である新日本製鉄・住友金属工業合併案件でも、米国、ドイツ、ロシア、ブラジル、中国、インドなど一〇か国に事前届出を行っている。

それら国際的企業結合については関係競争当局が当事会社からの届出情報を競争当局間で交換する旨の同意を得て、意見交換して競争当局間協力を行うことが通例である。競争当局間協力には、協力によって審査を短期間で終え、調整によって相矛盾する排除措置の発行を回避できるというメリットがある。

今日では、公取委は、当事会社の同意を得たうえで米国競争当局や欧州委員会と情報交換をして企業結合審査を行っている。企業結合規制を事前規制として完成させたことがそのスムーズな実施を可能にしたといえる。

## 6　二〇一三年改正による行政審判の廃止と大陸法系の手続法へ

### 行政審判から取消訴訟へ

一九四七年から六〇年以上続いた行政審判が、二〇一三年改正により二〇一五年四月一日に廃止された。通常の手続どおり、排除措置命令等に不服のある者は東京地裁に取消訴訟を提起するようになった。

行政審判は、最初に違反があると判断して手続を開始する、いわば検察官役を果たす機関と、不服申し立てを受けて審判審決を下す、いわば裁判官役を果たす機関がいずれも同一の公取委であって、本質的に不公正な制度であった。

国際的にみても、競争法の手続として、行政審判は過去の遺物というか、国際的には存在しない制度となっていた。公取委が強い権限を行使するようになった以上、手続的にも国際標準的な公平な手続が求められ、行政審判の廃止は当然の結論であった。

それでも、独禁法制定時から六〇年間続いた基本手続を変えるという大改正であり、大きな論争を呼び起こし、現実にも複雑な経緯をたどった。

**取消訴訟方式と行政審判**

大陸法系の法制をとる日本では、行政庁が告知・聴聞を経て行政処分を下し不服のある者は裁判所に取消訴訟を提起するという行政処分取消訴訟が基本の行政手続である。

取消訴訟方式では、調査の結果、違反行為があると判断すると、その旨相手方に通知し、反論する機会を与えたうえ、相手方に排除措置をとることを命じる。これが執行力をもつ行政処分にあたり、排除措置命令は直ちに執行される。ここまでは事後審判と同一であって競争状態を早期に回復することができる。

この命令に不服のある者は違反行為の不存在などを主張し裁判所に取消訴訟を提起する。裁判所は自由心証主義のもとで違反行為の有無などについて審査する。

取消訴訟方式のもとで、行政聴聞手続を整備して、東京地裁への専属管轄を付与すると、独禁法違反事件を処理するための理想的な行政手続となる。

専門的事件の適正な処理という観点からは、事前手続として行政聴聞手続を整備することが本筋。また、取消訴訟については、判断の統一性を確保するために、東京地裁が専属管轄権をもつべきである。現在でも独禁法違反の差止請求訴訟が東京地裁に提起されると、同商事部が訴訟を受けもつことになっている。東京地裁が専属管轄権をもつと、商事部が受け皿となって事実上専門部として機能する。

行政審判とは、独立の行政委員会が第一審の裁判所と同じ権能をもち、審判手続を経て排除措置を命じる手続。競争法の手続で行政審判を採用していたのは日米のみであり、それ以外の国では命令の発行や再審査を裁判所が行う方式を採用している。

行政審判には、事前審判(事前審査型審判方式)、事後審判(不服審査型審判方式)とがある。そもそも、行政審判では、事前審判であれ事後審判であれ、違反行為を認めた審決について東京高裁に提訴しても、実質的な証拠があれば審決での事実認定が裁判所の判断を拘束してしまう(実質的証拠法則)うえ、東京高裁の手続において審判で提出しなかった証拠の提出が制限される(新証拠の提出制限)。このため、違反行為の有無という事実認定については裁判で争う道も実質的に閉ざされる。

事前審判でなければ、専門性を発揮できず排除措置命令の妥当性を確保できないということは誤り。公取委は、①正式審査開始から一年間程度の審査期間を経て違反事実の有無、相当な排除措置命令を決定するのであり、さらに②事前通知に対する相手方からの反論を考慮したうえで最終的な違反行為の有無、排除措置命令を決めるのである。その間に十分に専門性を発揮でき、命令の相当性を確保できる。それでも十分でないというのでは、他の国の競争当局と比べて、専門行政機関としての能力、信頼性に疑問がもたれることになりかねない。

**長く続いた事前行政審判**

独禁法では、長らく事前行政審判に類似した審判官審判が利用されてきた。事前審判では、審査の結果、違反行為があると判断されると、違反事実および排除措置命令案を相手方に通知して、排除措置をとるように勧告する。勧告を相手が応諾しないと審判手続が開始される。裁判所の手続と同等な審判手続で、証拠をもとに違反行為があることが認定されると審決で排除措置を命じる。この審決が執行力をもつ行政処分に該当する。

判断事項の専門性を尊重した事前審判は、裁判所の手続と同様な慎重な手続が採用される。証人尋問などの事実審理を尽くし、審判に提出された証拠により違反行為を認定して、主張・反論に対する判断も記載した判決書類似の審決書を作成する。そのため、審決まで通常二ないし三年間がかかるという欠点がある。

## 二〇〇五年改正による事後行政審判への移行

この欠点を是正するため、公取委は二〇〇五年に事前審判を廃止し、事後審判制に移行した。この改正時には、事前審判制を廃止する理由として、入札談合への参加事業者が、発注官庁による指名停止の開始時期を先送りするために審判請求をするという弊害が強調された。もっとも、この対応は指名停止期間が二、三か月程度であった当時には違反事業者にとって有効なものであっても、指名停止期間が六か月以上となっている現在ではあてはまるのかについて疑問がある。

事後審判では、公取委が調査の結果、違反行為があると認定すると、違反事実および排除措置命令案を相手方に通知し文書または口頭で反論する機会を与えるが、通知内容に問題がないと判断すると相手方に排除措置を命じ、この命令は直ちに執行される。この命令に不服がある者は公取委に審判請求をする。

ただし、同一機関が再審査するため、事実認定、法律解釈が覆る可能性はきわめて乏しい。また事後審判は、強制執行力をもつ命令を下す形ですでに意思決定を行った処分庁が、実質的証拠法則を伴った行政審判方式で再審査することになり、公正さを欠く面が否めない。審判官として、裁判官や外部の弁護士が任命されることも行政審判を正当化する理由とならない。公取委は審決案を変更することを指示でき、自ら審決を下せるからである。

要するに、公取委が時間のかかる事前審判を嫌い、競争状態の早期の回復を重視して、事前審判制を廃止したこと自体は賢明な選択であったが、その代替として事後審判制度を導入したことは問題があった。

## 二〇〇七年の内閣府基本問題懇談会報告

行政手続のあり方を本格的に議論した内閣府の独禁法基本問題懇談会は、その当時の事後審判方式、かつて採用されていた事前審判方式という二種類の行政審判と、処分に不服がある場合に地方裁判所に直接取消訴訟を提起する取消訴訟方式という三つの方式を比較検討した。同懇談会は二〇〇七年六月に、行政審判とは、もともと専門性のある事件について事前手続を重視する手続であって、事前行政審判のことを意味するとしたうえ、事前審判方式を改めて採用することが適当であると結論づけた。

同懇談会が事前審判を残すべきであるとした理由は、独立行政委員会方式と行政審判とが密接に結びついていることと、世界で唯一残っている米国の連邦取引委員会のもとでの事前審判が優れたものであるという評価にあった。

しかし、競争当局の組織形態について、独立行政委員会、独任制行政庁のいずれにするかは高度に政策的な判断であって、行政手続が行政審判方式か、直接裁判所に取消訴訟を提起する方式かで左右される問題ではない。現実にも、独立行政委員会方式と取消訴訟方式とを組み合わせた制度もすでに多くの国で採用されている。

また、①独立した審判官、②公開性、③実質的証拠法則・新証拠提出制限の三つを特質とする米国の連邦取引委員会のもとの事前行政審判は、今日では米国にしか存在せず、米国でも反トラスト法違反事件の中核手続とはいえず、たとえ審判官の独立性が保障されている米国であっても、その社会的評価は低い。

### 二〇〇九年前半の振り分け制と選択性

独禁法基本問題懇談会では審判維持派が多数派であった。それ以降は社会的に審判廃止派のほうが多数派になっていった。

ところが、公取委は、二〇〇九年二月に、全面的に取消訴訟方式を採用する案は、「事前審判を経ないことにより迅速な処分が可能とな」り、「制度が簡明・透明である」としながらも、カルテルについてのみ「違法性が明らかであり、事実の存否が中心的な争点」であることを理由として取消訴訟方式に移行して、その他の違反行為については事前審判方式に戻すという案、いわゆる振り分け制を採用することを主張した。

このほか、日弁連は、事後審判と取消訴訟とのいずれかを命令の名宛人が選択できるという選択制の採用を主張した。公取委による違反事件処理において、同一違反行為についての同一確定が必ずしも法的に保障されていないことは事実であるが、同一違反行為について同一確定を目標とするというのが大陸法系の手続法の伝統的な対応方針である。すなわち、選択制は、同一カルテルの名宛人一〇名のうち、五名は事後審判を請求して、五名は取消訴訟を提起するというような事態が発生し、同一行為について異なる法的評価が出ることを助長するという欠点を有している。

振り分け制は事前審判を残す形で、選択制は事後審判を残す形で、いわば何とか行政審判を残そうとしたものである。いずれも、日本にしか存在しない煩雑な行政手続になるといわざるをえなく、いわば妥協の産物といえるものであって、恒久的な行政手続と評価されるものではない。

## 両院附帯決議による決着と二〇一三年改正

二〇〇九年改正で、衆議院および参議院はともに「審判手続に係る規定については、本法附則において、全面にわたって見直すものとし、平成二十一年度中に行う検討の結果所要の措置を講ずることとされているが、検討の結果として、現行の審判制度を現状のまま存続することや、平成十七年改正以前の事前審判制度へ戻すことのないよう、審判制度の抜本的な制度変更を行うこと」との附帯決議を採択した(二〇〇九年六月)。しかも、衆議院、参議院の経済産業委員会審議の議事録によると、その真意が行政審判の廃止にあることも明白であった。これにより、行政審判を残すべきであるとした、独禁法基本問題懇談会の結論が覆った。

これを受けて、民主党政権は、二〇一〇年三月に、行政審判を廃止する法案を国会に提出したが、一度も審議されないまま、二〇一二年一一月に衆議院解散に伴い廃案となった。

その後、自民党政権は、二〇一三年五月に同一内容の審判廃止法案を国会に提出し、同法案は同年一二月に成立した。

## 競争法の手続の国際比較

競争法の手続として、大陸法系の行政手続が多数派の手続であって、ＥＵや欧州各国のみならず、日本を含むアジア諸国、中南米諸国でも大陸法系の国では取消訴訟方式を採用している。これが約四分の三を占める国際標準の競争法の手続になっている。

他方、競争当局を訴追機関と位置づけ、競争当局が判決を求めて事業者を裁判所に提訴するという英米法系の行政手続が、約四分の一を占める少数派の手続となる。裁判所が違法行為の存在を認定すると執行力のある判決を下すという、司法を全面的に信頼して公平性確保を重視する手続となる。

英米法系の米国でも、主たる反トラスト法違反処理手続は、司法省によるカルテル事件の刑事提訴、独占化事件(たとえばマイクロソフト事件)での民事提訴というように裁判所に提訴する手続となっている。

これに対して、行政審判は、世界でも米国連邦取引委員会による事前行政審判と日本公正取引委員会による事後行政審判の二つしか存在せず、この事実から、国際的には競争法の手続として行政審判は望ましくないことで勝負がついていた。

さらに、選択制、振り分け制は、世界のどこにも存在しない煩雑な手続であって、日本だけそのような手続を採用することは避けるべきことは明白であった。

### 大陸法系の行政手続に移行した意義

行政審判の廃止と直接裁判所に提訴する取消訴訟方式への移行が、二〇一三年改正法の施行日である二〇一五年四月に無事実現した。これはむしろ予想外の速さで妥当な決着がついたことになる。

大陸法系の行政手続の二大特色は取消訴訟方式と行政制裁金制度である。上限方式の裁量型課徴金の導入が次の主たる改正事項となることを意味し、行政審判の廃止はその道を切り開いた。

# 第四章　解釈上の課題と現行ルール

## 1　行為類型ごとの単一ルールの確立

**判例法と競争ルール**

行為類型ごとの単一ルールは基本的に判例法の問題である。事後規制における競争ルールは、欧米の競争法と同様に、判例法として行為類型ごとの単一ルールとなる。これは、判例の形成・集積により判例法が充実していくと自然と実現する。純粋に現行法の解釈問題で、何らの法改正も必要としない。

**二〇一六年までに実現した事項**

排除型私的独占の禁止は、「排除型私的独占に係る独占禁止法上の指針」(二〇〇九年)で、排除行為に単独行為の行為類型を導入することにより単独行為規制の基本禁止規定となった。

不当な取引制限の禁止は、相互拘束が複数の独立事業者間の取決めをいい、一定の取引分野における競争の実質的制限が「当該取引に係る市場が有する競争機能を損なうこと」をいうことが判例法として確立し、水平的制限と垂直的制限を含む共同行為規制の基本禁止規定であることが明らかになっている。

不公正な取引方法の禁止は、①不公正な取引方法が自由競争減殺型と不公正な競争手段型・自由競争基盤侵害型とに峻別され、②自由競争減殺型の不公正な取引方法の公正競争阻害性が一定の取引分野における競争の実質的制限と同一のものであり、③自由競争減殺型の不公正な取引方法の形式要件の脆弱性から、一九条違反行為については三条の行為類型にあわせて分類・整理して判例法を構築すべきことが明らかになっている。

**「排除型私的独占に係る独占禁止法上の指針」**

公取委は、二〇〇九年の「排除型私的独占に係る独占禁止法上の指針」の公表によって、排除型私的独占の排除行為について、排他的取引、抱き合わせ、略奪的価格設定、差別的価格設定、単独の取引拒絶、一連の行為などの単独行為の行為類型を導入して、排除型私的独占の禁止が単独行為規制の基本禁止規定であると位置づけた。それまでは、排除行為自体が何を意味するかが定かでなかったのであって、この指針公表の価値は大きい。

### 不当な取引制限の相互拘束と競争の実質的制限

目隠しシール入札談合事件東京高裁判決(一九九三年)が、新聞販路協定事件東京高裁判決を全面的に覆した時点で、①事業者につき定義規定よりも縮小解釈する理由もなく、②相互拘束も複数事業者の合意等よりも狭く解釈する理由もないことから、相互拘束は垂直的制限を含む共同行為一般を規制対象にすることになった。

多摩地区入札談合事件最高裁判決(二〇一二年)は、相互拘束について「これに制約されて意思決定を行うことになるという意味において、各社の事業活動が事実上拘束される結果となる」として、独立した複数事業者間の取決めと解し、二条六項の「一定の取引分野における競争を実質的に制限する」とは、「当該取引に係る市場が有する競争機能を損なうこと」と解されるとした。後者はそれまでの「特定の事業者又は事業者集団がその意思で、ある程度自由に、価格、品質、数量、その他各般の条件を左右することによって、市場を支配することができる状態をもたらすこと」という定義を変更して、違法性水準を大きく引き下げた。

### 自由競争減殺型の公正競争阻害性に係る違法性水準の引上げ

一九八二年に、それまでの施行体験を踏まえて、一般指定改定により、実質要件である公正競争阻害性の性格について、自由競争減殺型、不公正な競争手段型、自由競争基盤侵害型に三分類した。この時点で、競争ルールに当たる自由競争減殺型と、日本固有の規制にあたる不公正な競争手段型、自由競争基盤侵害型とが切り離された。

その後、自由競争減殺型の不公正な取引方法の公正競争阻害性は、東洋精米機事件東京高裁判決(一九八四年)から日本郵政公社事件東京高裁判決(二〇〇七年)までの間に、単独行為、共同行為を問わず、一定の取引分野における競争の実質的制限や欧米の競争法と同一水準まで引き上げられた。

自由競争減殺型の公正競争阻害性を充足しないとした、東洋精米機事件東京高裁判決(一九八四年)、東京都芝浦屠場事件東京高裁判決(一九八六年)、同事件最高裁判決(一九八九年)、資生堂東京販売事件・花王化粧品事件最高裁判決(一九九八年)、三光丸本店事件東京地裁判決(二〇〇四年)、ザ・トーカイおよびニチガス事件東京地裁判決(二〇〇四年)、同事件東京高裁判決(二〇〇五年)、下関市福祉バス事件山口地裁判決(二〇〇六年)、日本郵政公社事件東京地裁判決(二〇〇六年)、同事件東京高裁判決(二〇〇七年)が、そのことを示す基本先例となる。

なかでも、東洋精米機事件東京高裁判決、東京都芝浦屠場事件最高裁判決は、自由競争減殺型の公正競争阻害性について、法文にない一定の取引分野の画定が必要であり、かつそれまで考えられていた以上に多様な判断要素について認定したうえで判定する必要があるとした。この前後で自由競争減殺型の公正競争阻害性のとらえ方には質的な差異が生じている。

### 自由競争減殺型の不公正な取引方法の形式要件の脆弱性

もともと不公正な取引方法のような、行為類型ごとに禁止行為を定めようとする法制には、本質的な欠陥がある。今日では国際的にもそのような競争法制は採用されない。

そのような競争法制を設けようとする場合、単一行為類型に二つの禁止行為を規定することは基本的な誤りであって、いずれか一つの禁止行為で十分である。現行不公正な取引方法の差別対価・不当廉売は、法定行為と指定行為という二つの禁止行為を定めているが、いずれか一方は不要である。

また、そのような競争法制の本質的な欠陥として、①行為類型ごとに過不足なく禁止行為を規定することは不可能であること、②単一違反行為が複数の禁止行為に該当するという重複適用は避けがたいことが挙げられる。

現行の自由競争減殺型の禁止行為もこれらの欠陥を有している。自由競争減殺型の禁止行為の形式要件は、三条に基づく(あるべき)行為類型と比べて広すぎる、狭すぎる、さらには行為類型に値しないものとなっている。すなわち、不公正な取引方法の「その他の取引拒絶」と「拘束条件付取引」の形式要件は広すぎ、「再販売価格の拘束」と「排他条件付取引」の形式要件は狭すぎ、「競争者に対する取引妨害」の形式要件は行為類型に値しない。

また、単一違反行為が複数の禁止行為に違反するという重複適用の問題が現実に生じている。

このような形式要件の脆弱性を勘案すると、自由競争減殺型に該当する違反行為について、判例法としては、三条の基づく行為類型に併せて分類せざるをえない。ここまでが確実に実現した事項である。

**今後実現すべき課題**

排除型私的独占について、排除行為について「正常な競争手段の範囲を逸脱するような人為性を有する行為」を省き「他の事業者の事業活動を困難にする効果を有する行為」と解釈し、一定の取引分野における競争の実質的制限について「当該取引に係る市場が有する競争機能を損なうこと」であると解することである。

不当な取引制限の相互拘束と競争の実質的制限には妥当な解釈が成立していることから、不当な取引制限の相互拘束に、カルテル、共同の取引拒絶、業務提携、垂直的価格制限、垂直的非価格制限という共同行為の行為類型を導入することにより不当な取引制限の禁止を明確に共同行為規制の基本禁止規定と位置づけることである。

### 排除型私的独占の排除行為と競争の実質的制限

私的独占に該当するとされた先例については、約二〇年間の空白期間が続いた後、一九九六年から急速に増加した。

日本医療食協会事件勧告審決(一九九六年)、パチンコ機パテントプール事件勧告審決(一九九七年)、パラマウントベッド事件勧告審決(一九九八年)、ノーディオン事件勧告審決(一九九八年)、北海道新聞社(函館新聞)事件同意審決(二〇〇〇年)、有線ブロードネットワークス事件勧告審決(二〇〇四年)、日本インテル事件勧告審決(二〇〇五年)、ニプロ事件審判審決(二〇〇六年)、東日本電信電話会社事件審判審決(二〇〇七年)、日本音楽著作権協会事件排除措置命令(二〇〇九年)の一〇件である。これまでの確定先例はすべて排除型私的独占に該当するとしている。

排除行為について、東日本電信電話会社事件最高裁判決の「正常な競争手段の範囲を逸脱するような人為性を有する行為」は、排除行為に当たるとされた行為が行為者の高い市場占有率のため市場で大きな競争制限効果をもたらしたと言えても、特段悪質な行為でもないため、それまでの先例に合致せず、また、日本音楽著作権協会事件審判審決(二〇一二年)が、一定の取引分野における競争の実質的制限を充足しないとすべきところを、排除行為に該当せず独禁法に違反しないと理由づけを誤った原因となった。したがって、排除行為は先例にあわせて「他の事業者の事業活動を困難にする効果を有する行為」と解釈する必要がある。

私的独占の競争の実質的制限については、学者も公取委も体系上不当な取引制限の場合と同一に解釈されるとしており、最新の最高裁判決に従い「当該取引に係る市場が有する競争機能を損なうこと」をいうと解される。

### ガイドラインの改定による決着を

現行ガイドラインの中には、事後規制において、自由競争減殺型の不公正な取引方法は一定の取引分野における競争の実質的制限と同一であると解釈せず、いまだ自由競争減殺型の不公正な取引方法は一定の取引分野における競争の実質的制限よりも競争侵害の程度や違法性水準が一段階低いと解釈して、行為類型ごとに二つの(二段階の)ルールを設定するものが残っている。

これは、不公正な取引方法の禁止を不正競争法的に運用してきた、一九七〇年代までの考え方を反映している。改定により、三条を中心にした、行為類型ごとの単一ルールに変更して、いわばガラパゴス島の競争法から、国際標準の競争法に移行させることが望ましい。

もっとも、そのようなガイドラインの存在は判例法で行為類型ごとの単一ルールを形成することの障害とはならない。法理上判例法がガイドラインに優越する。判例法に合致しないガイドラインのほうがその効力を失うだけである。

最近、行為類型ごとに二つのルールを設定する内容のガイドラインの改定を主張しているのは、自由競争減殺型の不公正な取引方法は一定の取引分野における競争の実質的制限と同一であることで決着をつけたいと言っているのであって、それがなければ行為類型ごとの単一ルールが実現できないといっているのではない。

## さらなる判例法の展開を

### (1)日本音楽著作権協会事件

日本音楽著作権協会事件は、日本音楽著作権協会による放送会社に対する包括徴収方式による包括利用許諾が、排除型私的独占に該当するかが争われ、興味深い経緯をたどった。

この行為は、欧米でも競争法に違反しないとして許容されており、ある程度の競争制限効果を有するが強い正当化事由があるため、排除型私的独占に該当しないと考えられる。

この件で、公取委は日本音楽著作権協会の行為が排除型私的独占に該当するとして排除措置を命じた(二〇〇九年)が、審判請求を受けてその行為が排除行為に該当しないとしてその命令を取り消す旨の審決を行った(二〇一二年)。ところが、被害者であるイーライセンスによる審決取消訴訟において、最高裁は、この行為が排除行為に該当するとして競争の実質的制限を充足するかにつき審理を尽くすよう公取委に差し戻した(二〇一五年)。差戻し後審判において公取委は、イーライセンスからの参加取下げと日本音楽著作権協会からの審判請求取下げを受けて、特に理由を示さずにその審決を取り消した(二〇一六年)。

この結果、当初の排除措置命令が確定したことになるが、このような経緯からその排除措置命令には先例価値はないのであろう。本件行為が競争の実質的制限を充足するかに係る判例法は形成されずに事件が終了した。

この間、原告イーライセンスは、二〇一四年に、放送会社に対する包括徴収方式が、自由競争減殺型の不公正な取引方法の公正競争阻害性を充足して競争者に対する取引妨害、排他条件付取引、抱き合わせ契約のいずれかに該当するとして東京地裁に差止請求訴訟を提起した。公取委が排除型私的独占に該当するとした事件の係属中に、同一行為に対して不公正な取引方法に該当するとして差止請求訴訟が提訴され、まさしく排除型私的独占が争われる事件と不公正な取引方法が争われる事件が並存することになった。

論点は、自由競争減殺型の不公正な取引方法の公正競争阻害性は一定の取引分野における競争の実質的制限よりも競争侵害の程度が弱いものであることから、行政事件で違法とならない場合でも、差止請求訴訟で、不公正な取引方法に該当して独禁法違反となりうるかである。

画定される一定の取引分野や総合判断のための個別判断要素は、公取委や東京高裁等が当該行為について排除型私的独占に該当するか否かを判断する場合と差止請求訴訟を受けた東京地裁が競争者に対する取引妨害等に該当するか否かを判断する場合で完全に同じである。したがって、両事件で独占禁止法に違反するか否かの結論も同一となる。

もともと、排除型私的独占に該当しないという先例がいくつか出てくると、自由競争減殺型の不公正な取引方法の公正競争阻害性は、一定の取引分野における競争の実質的制限よりも低レベルの違法性水準であるという説は通用しなくなると評価されていた。

ただし、厳密には最高裁に至るまで、競争制限効果や正当化事由のとらえ方によっては両ルートで結論が分かれる余地はある。このことは二つの禁止規定を並存させておくことに問題があることを示すもので、法理的には自由競争減殺型の不公正な取引方法を廃止して三条に一本化することが望まれる理由となる。

(2)クアルコム事件――排除型私的独占と拘束条件付取引

クアルコムは、CDMA携帯無線通信に係る知的財産権の実施権等を一括して許諾するに当たり、国内端末等の製造販売業者に対して、①国内端末等製造販売業者等の保有する知的財産権をクアルコムに無償で実施許諾する、②国内端末等製造販売業者等の知的財産権についてクアルコムの顧客やライセンシーに対して権利主張をしない、という非係争条項を含むライセンス契約を締結した。

公取委は、クアルコムの本件行為は、不公正な取引方法の拘束条件付取引に該当するとして排除措置を命じ(二〇〇九年)、この件は現在審判で係争中である。

クアルコムの行為は、拘束条件付取引に該当するかが争われているが、クアルコムの携帯電話端末にかかる技術市場における地位、その知的財産権等が携帯電話通信分野における事業活動の不可欠な基本的技術であることなどから、誰の目から見ても本来排除型私的独占(および不当な取引制限)に該当するとして取り上げられることが相当なものである。

したがって、不公正な取引方法の拘束条件付取引に該当するか否かが問題となっていることから、排除型私的独占等に該当するか否かを問題としているのと比べて競争侵害の程度が一段階弱いもので足りる、要するに一定の取引分野における競争の実質的制限、すなわち「当該取引に係る市場が有する競争機能を損なうこと」よりも競争侵害の程度が低い水準で足りるというような主張は許されるべきではない。

この事件の審決等も、自由競争減殺型の不公正な取引方法の公正競争阻害性が一定の取引分野における競争の実質的制限と同一のものであるとの解釈をさらに補強するものとなる。

## 2　私的独占の禁止による単独行為規制

### 欧米と同等な競争ルール

一九四七年制定の原始独禁法は、米国反トラスト法を受け継ぐことを意図していた。しかし、事後規制について、私的独占の禁止、不当な取引制限の禁止の系統と、不公正な競争方法の禁止の系統を、そのまま規定したという制定上のミスのため、重複規制・二重規制の形になった。

その後、一九五三年改正で、不公正な競争方法の禁止は不公正な取引方法の禁止に変更された。その立法趣旨からは、公正な競争を阻害するおそれを実質要件とする不公正な取引方法の

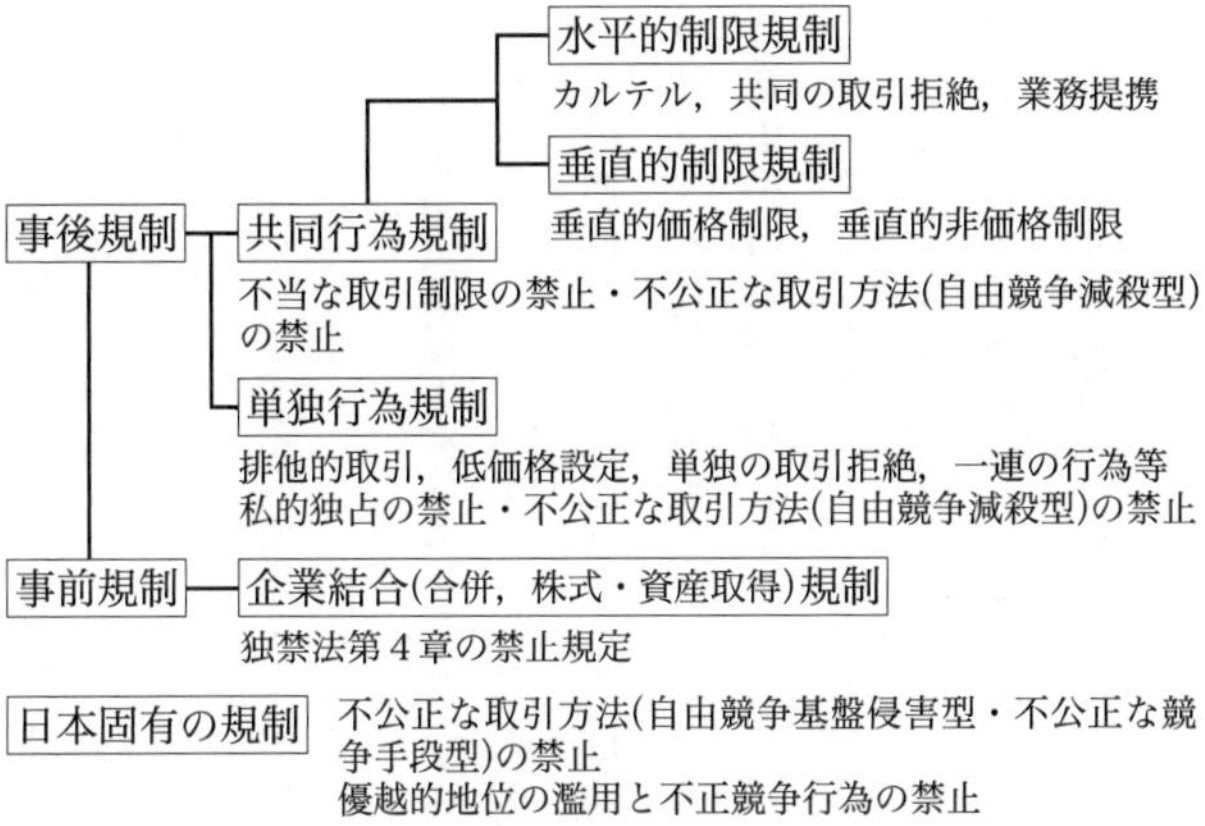


独占禁止法の体系

禁止は、一定の取引分野における競争の実質的制限を要件とする私的独占の禁止、不当な取引制限の禁止よりも違法性の程度は低かった。

ところが、一九八〇年代以降の判例法の展開は、事後規制について重複規制を認めたうえ、公正な競争を阻害するおそれと、一定の取引分野における競争の実質的制限とを同等の違法性基準ととらえて、主要行為類型について、欧米の競争法と同一の違法性基準、すなわち今日の国際共通ルールと同等の競争ルールを形成してきた。判例の集積によって欧米の競争法と同一ルールを確立したのだ。

重複規制である以上、いずれの規定を適用しても誤りとはいえないが、双方が適用になる行為類型について公正な競争を阻害するおそれと、一定の取引分野における競争の実質的制限を、同等の実質要件ととらえていかないと、独禁法上、単一競争ルールを形成することができない。したがって、判例の展開が必然的なコースであった。独禁法は、一九八〇年代中頃から開始された判審決の積み重ねによって、条文上・文理上の制約を乗り越え、今日まで約三〇年をかけて、ほぼ欧米の競争法に匹敵する競争ルールの形成に成功したのである。

### 高い市場占有率を有する事業者への規制

単独行為については、今日、ようやく行為類型ごとに、欧米と遜色のないルールが確立された。単独行為は、問題とされる行為が個性的なものであることから、もともとケース・バイ・ケースで違法性を判断していかざるを得ない。ただし、反トラスト法上六六％、三三％などの基準市場占有率が明らかになっているのと比べて、日本では正確な関連市場画定がなされてこなかったこともあって、基準となる市場占有率については明らかになっていない。もっとも、大多数の事件で、関連市場における行為者の市場占有率は三〇％を超えている。

以下、排他的取引、抱き合わせ、低価格設定(略奪的価格設定、差別的価格設定)、単独の取引拒絶、非定型行為、一連の行為、複合行為という行為類型の順にルールを見ていこう。

**排他的取引**

事業者が取引相手に対して自己とのみ取引することを求めるという行為類型である。

(1)東洋精米機事件と市場閉鎖効果

東洋精米機は、中型精米機を卸売業者を介して町の米屋に販売していたが、卸売業者との間で、競合精米機を取り扱わない旨の契約を締結していった。

この件で公取委は、東洋精米機が市場占有率二八%の有力事業者であると認定して、卸売業者との専売店契約が排他条件付取引に該当するとした。これに対して東京高裁は、専売店制が排他条件付取引に該当するか否かは競争者のための流通ルートがどの程度閉鎖されたかで決まる――としたうえで、市場閉鎖効果を認定するために、さらに東洋精米機の市場占有率を正確に算定し、卸売業者の数や競争者の採用する販売方法についても認定する必要があるとして、事件を公取委に差し戻した。この判決は、不公正な取引方法についての事件を処理するにも、関連市場を画定して正確に市場占有率を算定する必要のあることと、販売業者数や競争者の販売方法などについて分析する必要があることを明らかにした。

(2)北海道新聞社(北海タイムス)事件と専売店への切替え

北海道内において発行される全ての新聞紙の五六%、札幌市内の四五%を占め、道内新聞販売店の九〇%と取引している、「北海道新聞」を発行する北海道新聞社が、従来、併売制が維持されてきたところで、各新聞販売店に対して自己と取引する限り競争紙たる北海タイムス紙を扱わないことを要求した。これに対して、東京高裁はその行為が排他条件付取引に該当するとした(一九五四年)。この事件は、市場占有率五〇%超の事業者が、特定の有力競争業者を市場から排除する目的で事業上の正当な事由もなく、併売店を自己の専売店に一斉に切り替えていくものであって、不公正な取引方法の排他条件付取引に該当することはもちろん、排除型私的独占にも該当するものである。

(3)ノーディオン社事件と排他的購入契約

カナダ法人であるノーディオン社は、ガンの診断薬であるモリブデン99の世界最大の供給業者であって、日本の需要者である日本メジフィジックス(日本メジ)および第一ラジオアイソトープ研究所(第一ラジオ)の二社に販売しており、日本で一〇〇%の市場占有率を占めていた。ノーディオン社は、カナダでの新原子炉建設の資金を負担するに伴いモリブデン99の販売数量を確保するため、主要な顧客との間でノーディオン社から排他的に購入する旨の長期契約を締結していくことにした。ノーディオン社は一九九五年九月頃に、日本メジおよび第一ラジオに対して、一〇年間の排他的購入契約を締結することを申し入れ、日本メジとの間では一九九六年八月に一〇年間の全量購入契約を、第一ラジオとの間では同年二月に同じく一〇年間の排他的購入契約を締結した。

当時、第一ラジオは、世界第二のモリブデン99供給業者であるベルギーのＩＲＥと購入交渉中で契約成立直前であったことから、非排他的な契約を希望したが受け入れられず、排他的購入契約に応じないと不利益を被るおそれがあることを懸念して、ＩＲＥとの交渉を打ち切り、排他的購入契約を締結することにしたという事情があった。

公取委は、ノーディオン社の行為は排除型私的独占に該当するとした（一九九八年）。この件では、取引の相手方である第一ラジオがその意思を抑圧される形で不本意ながらも応じた事情が認定されているが、第一ラジオが進んで排他的購入契約に応じたとしても独禁法上の評価は変わらない。

ノーディオン社の行為は、特定の競争業者を狙い撃ちしたものでなく、自己とのみ取引することを求めて競争者一般を排除しようとしたものである。

## （4）日本インテル事件とリベート提供

日本インテル社はパソコン用CPU（中央演算装置）において日本国内で七〇％超の市場占有率を有していた。

日本インテル社は、競合メーカー日本AMD社の市場占有率が一二％から二二％に急増したことに対抗して、有力パソコンメーカー五社との間で、自社CPUの使用数量比率を九〇％超に引き上げるとリベートや資金提供を行うことを約束した。この結果、日本AMDなど競合メーカーの市場占有率は大幅に低下した。

公取委は、日本インテル社の行為が排除型私的独占に該当するとした（二〇〇五年）。排他的取引の実効性担保手段として、累進リベート・忠誠リベートなどのリベートが用いられる事例となる。

国際的には、市場占有率三〇―四〇％の事業者が、自己の取引先との間で有効期間三―五年（自動更新付）の排他的購入契約の締結をすることが排他的取引の限界事例として取り上げられる。その場合には、他の様々な市場要因を勘案して独占禁止法に違反する否かを判断する必要がある。

**抱き合わせ**

抱き合わせは、独禁法も欧米と同様に、抱き合わされる商品(タイト商品)市場における市場閉鎖効果を問題にする事例と、特定メーカー製機器の保守サービス市場における競争制限効果を問題とする事例の双方が出ている。

(1)マイクロソフト社事件とタイト商品市場における市場閉鎖効果

マイクロソフト社は、一九九五年以降自社のワープロソフト「ワード」の市場占有率を高めるために、富士通・日本電気などのパソコンメーカーとの間で、自社の表計算ソフト「エクセル」とワープロソフト「ワード」を併せてパソコン本体に搭載または同梱(CD-ROMを添付すること)させた。公取委はその行為が不当な抱き合わせに該当するとした(一九九八年)。違反行為が開始された一九九五年当時、表計算ソフトでは「エクセル」が第一位、ロータス社の「ロータス1-2-3」が第二位であり、ワープロソフトではジャストシステム社の「一太郎」が第一位、「ワード」が第二位であった。そのため、パソコンメーカーの中には、「エクセル」のみの搭載許諾を希望する者もいたが、マイクロソフト社はそれらの申し出を全て拒絶した。この結果、二年後の一九九七年にはワープロソフト市場でも、「ワード」が第一位となっている。

抱き合わせの典型例は、A商品(タイイング商品)市場とB商品(タイト商品)市場の二つの市場が成立している際に、A商品の供給とB商品の供給とを条件付けることである。当該事業者がA商品について、例えば特許権を有するなど市場支配力を持つ場合、買手はA商品を購入するためにはB商品も購入せざるをえなくなる。このタイプでは、主要な競争制限効果はB商品市場においてB商品の競争業者が排除されるところにある。

マイクロソフト事件でも、競争制限効果は、パソコンメーカーや消費者の取引先選択の自由が失われることよりも、表計算ソフト市場で「一太郎」のジャストシステム社が不当に排除されるところにある。

(2)東芝エレベータ事件と関連市場画定

東芝エレベータテクノス(東芝エレベータ)は、エレベーターメーカーである東芝の子会社で、東芝が製造したエレベーターの保守点検を業とするメーカー系保守会社である。同社は、東芝製エレベーターの保守について約九〇%の市場占有率を持っている。また、東芝製エレベーターの交換部品を独占的に管理・供給している。

東芝エレベータは、自己の保守契約先以外からの部品の注文については、それがエレベーターの所有者等からの注文であり、かつ当該部品が機器の性能・安全性に影響を及ぼさない場合以外は部品売りを行わず、労務費込みの有償工事としてのみ受注することとするという方針を採用し、実施した。この件で大阪高裁は、「本件各部品とその取替え調整工事とは、それぞれ独自性を有し、独立して取引の対象とされて」おり、「このような商品と役務を抱き合わせての取引をすることは買い手にその商品選択の自由を失わせ、事業者間の公正な能率競争を阻害するものであって、不当というべきである」と判示した(一九九三年)。しかし、この件では、競争者である独立系保守業者を自己のエレベーターの保守サービス市場・取替え工事市場から排除するという明白な競争への悪影響が認定されている。

大阪高裁は、商品の安全性の確保が公正競争阻害性の有無を判断する要因になることを認めたが、独立系の保守業者はたとえその技術自体が東芝エレベータの技術に対比して相対的には劣るとしても部品の供給を受けて修理等を行う技術水準にあると認定している。

欧米ではこのような事例について、自社製機器の保守サービス市場という比較的狭い市場を画定した上、その市場で支配力を持つ事業者が一〇〇%管理する交換部品の供給と自社製機器の保守サービス(または修理サービス)の提供を条件付けて、独立系保守業者をその市場から排除し自己の市場占有率をより高めようとする行為であるとして、市場支配的事業者による濫用行為に該当するとする。この点から、東芝製エレベーターの保守サービス市場で約九〇%の市場占有率を有する東芝エレベータが、自己の管理する交換部品の供給と取替え工事サービスを抱き合わせて、独立系保守業者を排除して東芝製エレベーターの保守サービスを独占しようとした行為であるとして、排除型私的独占にあたると認定することも可能であった。

なお、類似した行為として、三菱電機製エレベーターの保守管理会社であり、その取替部品を独占的に供給している、メーカー系保守業者・三菱電機ビルテクノサービスは、自社の保守契約率が低下したため、独立系保守業者に対して、自社の顧客より高い価格で販売しかつ納品時期を発注後六〇日後にするという部品政策を実施することにより保守契約を独立系保守業者から自社に変更させた。公取委は、三菱電機ビルテクノサービスの行為が競争者に対する取引妨害に該当するとした(二〇〇二年)。この件も、三菱電機製エレベーターの保守サービス市場を関連市場として画定し、行為類型として単独の取引拒絶に分類して、独立系保守業者に対して取替部品を不利な取引条件で供給することを排除型私的独占に当たるとすることが可能である。

## 低価格設定

略奪的価格設定、差別的価格設定ともに、単純な事案から次第に、市場分析が求められる複雑なものが取り上げられてきており、それに応じて判例法が進化している。

低価格設定が独禁法に違反するかは、設定低価格と総販売原価など基準コストとの関係、市場価格などの市場の状況、行為者の市場占有率・市場支配力、行為者の主観的意図を総合して判断される。現在の基本先例は、設定低価格または差別的低価格について、総販売原価との関係が最大の判断要素となり、その低価格が総販売原価を上回っている場合には独禁法に違反しないとした、日本郵政公社事件とニチガス事件である。

(1)中部読売新聞事件と想定原価

中部読売新聞社は、一九七五年三月二五日から東海三県において中部読売新聞(一六頁建て朝刊)を月極め購読料金五〇〇円で発行することを企画した。この当時、月極め購読料金は、朝日新聞・読売新聞等の全国紙の統合版で一三〇〇円、中日新聞等の地方紙の朝刊で一〇〇〇―一二〇〇円であった。購読料金五〇〇円は、読売新聞社からの業務提携による援助を受けていたうえ、六か月後の販売部数五〇万部として、損益零の形で算定された。この件で、公取委は、月極め購読料金の原価は少なくとも八一二円であるとして緊急停止命令を申し立て、東京高裁は、中部読売新聞社に対して月極め購読料金八一二円を下回る価格で販売してはならない旨命じた(一九七五年)。

東京高裁は、不当原価とは、単に市場価格を下回る価格をいうのではなく原価を下回る価格をいい、その原価は、一般の独立の事業者が自らの責任において経済上通常計上すべき費目を基準として算定されるべきものでなければならないと判示した。

中部読売新聞は、独自の取材による各県版等を除き、記事の主要部分から連載小説、娯楽・スポーツ欄まで読売新聞社が企画・取材・編集したものを使用して製作。業務提携による読売新聞社の人的・技術的・資金的援助は、新聞発行会社の本社と地方支社との間にみられる関係であった。この点から、読売新聞社と中部読売新聞社を一体と認めて、全国紙第一位の読売新聞が全国的に月極め購読料金一三〇〇円を維持したまま、東海三県で実質的に同一の中部読売新聞を五〇〇円で発行したという地域的差別対価事案として法律構成をすべきことが主張された。確かに、中部読売新聞社が完全な新規参入業者であれば、原価を下回った価格設定も問題とならないはずである。

また本件決定は、不当廉売について原価基準を確立した基本先例とされるが、本件で言う原価とは、過去の数値を積み重ねた現実のコストでなく、架空の数値による想定原価であり、先例としての価値はこの点から限定される。

（2）東京都芝浦屠場事件と関連市場画定の重要性

東京都は、東京二三区内で中央卸売市場食肉市場に併設して都立芝浦屠場を開設し、一般会計から多額の補助金（経常経費の八〇％にあたる）を受けて屠畜場事業を営んでいたが、その当時の一頭当たり約三〇〇〇円の屠場料は人件費も賄えない水準のものであった。これに対し、東京二三区内で唯一競争関係にある屠畜場を営んできた日本食品は、東京都の屠場料が不当廉売であり、屠場料としての実徴収額が認可額を大きく下回ったのはそれが原因であると主張した。

この件で、第一審は、競争の地理的範囲を東京二三区と画定して、日本食品の損害賠償請求を認容した。これに対して高裁判決（一九八六年）と最高裁判決（一九八九年）は、競争の地理的範囲は関東および東北の一都一一県に及ぶとしたうえ、その一都一一県の五九屠畜場のうち、四七の屠畜場では日本食品の屠畜場の実徴収額より低い価格で営業し、さらに一一の屠畜場では東京都芝浦屠場より低い金額で営業していたことから、東京都が原価を著しく下回る屠場料を長期間請求してきた行為も公正競争を阻害しないとした。また、この判決では、枝肉の冷凍輸送技術の進歩に伴い、生産地型の屠畜場がシェアを高め消費地型の単独屠畜場は衰退傾向にあることを強調している。最高裁は、「不当廉売規制に違反するかどうかは、……具体的な場合における行為の意図・目的、態様、競争関係の実態及び市場の状況等を総合考慮して判断すべきものである」と判示した。結局、行為者の価格が原価を大きく下回っていても、市場価格や市場の実態・市場の状況に合わせた価格設定は不当廉売に該当しないとしたことになる。

（3）日本郵政公社事件と市場分析

日本郵政公社は、二〇〇四年一〇月に、郵便小包事業にヤマト運輸の宅配便の料金体系に類似した新ゆうパック料金体系を採用した。ヤマト運輸は新ゆうパック料金による郵便小包事業が不当廉売にあたるとして差止請求訴訟を提起した。

東京高裁は、関連市場を宅配便市場と画定したうえ、①税金や郵便事業による収益からの赤字補塡を受けて郵便小包事業を行っているとは認められないこと、②宅配便五社の宅配便平均単価の中で日本郵政公社は第二位の高価格で市場価格を下回っているといえず、宅配便二社がシェアを減らした原因も郵便小包事業によるものといえないこと、③日本郵政公社の市場占有率は最大でも七％程度であること、④宅配便市場で生き残っていくために一〇％まで市場占有率を増大させようとした主観的意図を反競争的意図とはいえないこと――から日本郵政公社の価格設定は不当廉売に該当しないとした（二〇〇七年）。

さらに、東京高裁は、営業原価に販売費および一般管理費を加えた総販売原価を上回る対価や市場価格を超えた対価は、原則として不当廉売の対象となる対価に当たらないとした。

(4)北勢協組事件と原価を下回る価格設定

北勢生コンクリート協同組合(北勢協組)事件名古屋地裁判決は、かなりの市場占有率を有する生コン協同組合による製造原価(現実のコスト)を下回る価格設定について、初めて不当廉売に該当するとして、損害賠償請求を認容した。

松岡興産は、三重県北勢地区において最大の市場占有率を有する生コン製造業者(生コン協同組合との関係ではいわゆるアウトサイダーである)であり、他方、北勢協組は、三重県北勢地区における生コン製造業者による協同組合で生コンの共同販売を行っている。両者は、一九八三年以降、三重県北勢地区で生コンの受注をめぐり競合関係にあった。

北勢協組は、もっぱら松岡興産との受注競争に勝ち生コン受注を獲得するために、生コンの共同販売価格を一九八七年七月一日に一立法メートルあたり一万二〇〇〇円から八〇〇〇円に引き下げ、さらに翌年七月一日には八〇〇〇円から七〇〇〇円に引き下げた。北勢協組は、この価格引下げに際し各組合員の資金の補塡にあてるため、名古屋生コンクリート協同組合から三億円を借り入れ、組合員に交付した。共同販売価格七〇〇〇円は、通常の生コンの販売価格を大幅に下回るものであり、場合によっては製造原価を下回っていた。松岡興産は、北勢協組による価格引下げに対抗するために、同年七月以降、納入契約済および新規契約の生コン販売価格を引き下げざるを得なかった。

名古屋地裁は、廉売行為について、その販売価格が時として製造原価を下回るものであったこと、その廉売の目的が原告松岡興産との競争に勝利して受注を得ることである旨を認定し、北勢協組の廉売行為が不当廉売に該当するとして損害賠償請求を認容した(一九九九年)。

**不当廉売と平均変動費用基準**

米国・EUにおいて、製造業者の実施する低価格販売(欧米では略奪的価格設定と呼ばれる)については、平均変動費用(平均可変費用)が基準とされている。この平均変動費用とは、原価を意味する平均総費用から平均固定費用を差し引いたものである。

景気循環の不況期に入ると、業界全体で過剰供給能力・過剰生産設備が生じる。この場合、製造業者にとって工場建設等による固定費用分は投下済であることから、販売価格が原材料費・労賃等をカバーする平均変動費用を上回る限り生産販売を継続することによって、損失を軽減し、現金収入を得ることができる。そこで、平均総費用を下回るが平均変動費用を上回る価格で販売することは合理的な意思決定とみなされ、原則として競争法違反にならないとされる。

北勢協組事件判決では、生コン市場について、「生コンは供給範囲が限定され、在庫ができず、需要が不安定である一方、生コン業界は、少額資本による新規参入が容易で、慢性的な過剰設備状況にあった」と認定しているが、本件北勢地区の生コン市場における過剰設備の状況などは認定していない。三重県北勢地区における生コンの過剰設備が存在する場合には、欧米では平均変動費用が違法性の基準となる事例である。今後、日本でも、製造業者による低価格販売については、場合によって、平均総費用でなく平均変動費用を判断要素とする判例法を確立していく必要がある。次に、差別的価格設定の基本先例をみていこう。

(1)北国新聞社事件と実質的価格差

北国新聞社は、石川県で六〇%超の市場占有率を有する北国新聞(朝夕刊一二頁建て購読料金三三〇円)を発行していたが、富山県で富山新聞を発行していた富山新聞社と合併し、一九五六年一二月に朝夕刊八頁建てから同じ朝夕刊一二頁建てに増頁したにもかかわらず、改訂後の購読料金を二八〇円に設定した。この件で、東京高裁は、両紙は一般日刊新聞で、建頁・記事量がほぼ同一で、連載小説類も同じことなどが相俟って、紙面に現れた両者の性格は同一のものであるという理由から、両紙の実質的同一性を認めて、新聞業における特定の不公正な取引方法の差別対価(差別定価の禁止)に該当するとした(一九五七年)。この北国新聞社事件東京高裁決定は、購読料金(価格)よりも紙面の質で競争すべきである新聞業の性格を反映したものか、やや単純すぎるものであった。

(2)ニチガス差別対価事件と市場分析

単純なルールを設定した北国新聞社事件決定が長らく差別対価についての先例となっていたが、今日では、価格差だけでなく、多様な要素を分析して結論を導いているニチガス事件東京地裁判決および東京高裁判決が基本先例となる。この件で、被告ニチガスは、首都圏で、一般家庭用LPガスを新規顧客に対しては一〇立方メートル当たり三五〇五ないし四四〇四円の価格帯で販売しながら、既存の顧客に対しては五〇〇〇円台で販売していた。一般家庭向けLPガスの小売業者は、ニチガスの価格政策が、相手方による差別対価に該当するとして差止請求訴訟を提起した。

この件で、東京高裁は、公正競争阻害性の認定に当たっては、原価割れの有無のほか、市場の動向、供給コストの差、当該小売業者の市場における支配力、価格差を設けた主観的意図等を総合的に勘案すると判示した。その上で、新規顧客と従来の顧客の間の実質的な価格差の存在を認めたが、①LPガスの総販売原価は仕入れ価格、直接経費(ボンベへの充塡費、配送費)および間接経費から構成され、仕入れ価格は九八〇ないし一〇六〇円、直接経費込でも一五〇〇円を超えず、間接経費を加えても三〇〇〇円を超えないというニチガスの主張を否定する証拠はなく、設定低価格が総販売原価を下回るとは認められないこと、②顧客が解約によって比較的自由に取引先を変更できることから顧客争奪競争も活発で、価格競争が進展し、設定低価格を下回る価格でも販売されていること、③ニチガスの首都圏市場における市場占有率は数％にとどまること、④設定低価格は新規顧客に一般的に提供され既存業者からの切替用に設定されたものでないこと――から同等に効率的な競争者が市場において立ちいかなくなるような価格設定とはいえず、競争減殺効果が生じているとは認められないとした(二〇〇五年)。

**単独の取引拒絶**

単独の取引拒絶でも、欧米と同様に、いわゆる不可欠施設を保有する事業者がその利用を一方的に拒絶する事例と何らかの競争関係に立つことになったためにそれまで取引関係にあった事業者との取引を打ち切る事例とが出てきている。

（1）東日本電信電話会社（NTT東日本）事件と不可欠施設

NTT東日本は、光ファイバによる高速インターネット接続サービス（FTTHサービス）を「Bフレッツ」として一般ユーザー向けに販売し、戸建住宅向けに光ファイバ一芯を一ユーザーが使用する「ベーシックタイプ」を月額九〇〇〇円で提供し、また他の電気通信事業者が同社の光回線を利用する際の月額接続料金を五〇七四円に設定していた。

NTT東日本は、二〇〇二年六月に、東京電力が同年三月頃に同様のサービスを提供開始することからそれに対抗するために、光ファイバ一芯を分岐して最大三二ユーザーが共有できることにするとして「ニューファミリータイプ」のサービスを月額五八〇〇円で提供開始し、さらに料金を月額四五〇〇円に引き下げた。しかし、同社は、分岐方式を実施するための分岐装置を設置する計画もないまま従来どおり一ユーザーに光ファイバ一芯を提供しており、他の電気通信事業者に対する接続料金を同一金額に維持したままであった。

公取委は、NTT東日本の行為が、同社の光ファイバに接続してFTTHサービスを販売する他の電気通信事業者の戸建て住宅向けFTTHサービスへの新規参入を阻害することにより、東日本地区における戸建て住宅向けFTTHサービスの取引分野における競争を実質的に制限するもので、排除型私的独占に該当するとした(二〇〇三年)。

これが公益事業分野でのいわゆる不可欠施設(への接続義務と適正な接続料金設定)に関する初めての事例である。

この件で、最高裁は、本件行為期間中「ニューファミリータイプのFTTHサービスはその実質において芯線直結方式を前提とするベーシックタイプと異なるものではなかったというべきところ、ニューファミリータイプのユーザー料金は芯線直結方式において他の電気通信事業者から取得すべき接続料金を下回るものであったというのであるから、上告人の加入者光ファイバ設備に接続する電気通信事業者は、いかに効率的にFTTHサービス事業を営んだとしても、芯線直結方式によるFTTHサービスをニューファミリータイプと同額以下のユーザー料金で提供しようとすれば必ず損失が生ずる状況に置かれることが明らかであった」と判示した(二〇一〇年)。最高裁は、はじめから分岐方式については名目に過ぎず、完全に新規参入を阻止するという極めて違法度の高い行為であって、正常な競争手段を逸脱するような人為性をもつものであるとしている。

(2)東洋製罐事件と潜在的競争関係

東洋製罐は、ブリキ版を加工して食缶を製造し缶詰製造業者に販売しており、その市場占有率はグループ全体で七四%に達する。ところが、自家製缶を企画していた缶詰製造業者に対して、東洋製罐は、自社の販売量が減少し、ひいては食缶業界における地位に悪影響を及ぼすとして自家製缶に基本的に反対の立場をとり、自家製缶できない種類の食缶の供給を停止するなどの措置により、自家製缶の開始を断念させた。公取委は、東洋製罐の行為が排除型私的独占に該当するとして、東洋製罐に対して食缶の供給を停止することにより、取引先缶詰製造業者が自己消費用食缶の製造を開始することをやめさせないよう命じている(一九七二年)。

(3)ニプロ事件と潜在的競争関係

日本で唯一の生地管製造業者日本電気硝子の西日本地区代理店であるニプロは、生地管を使用したアンプル製造販売業者であり、かつ、二大取引相手の一つであったナイガイが生地管を輸入していることを一九九四年六月頃知り、生地管輸入をやめることに応じなかったナイガイに対して一九九五年四月から、その取引条件を他の取引相手と比べて差別的に不利なものに変更しようとした。

ナイガイは輸入生地管を外販していなかったが、輸入生地管を使用したアンプルと日本電気硝子製生地管を使用したアンプルは製薬会社向けに競合関係にあった。ナイガイは一九九四年から二〇〇〇年の間、輸入生地管に係るアンプル製造販売事業を拡大していった。ニプロは二〇〇〇年にナイガイとの取引を打ち切るとの方針をとり不利な条件での取引を強要した。公取委は、ニプロの行為が生地管の輸入を制限または抑制しようとするものであって排除型私的独占に該当するとした（二〇〇六年）。ただし、この件は、長期的にはいずれかの時点で両社が取引関係を解消することが認められるべき限界的な事案である。

**非定型行為**

問題とされた単一の行為が典型的な行為類型に該当しないきわめて独特な行為であるとき、一般条項的性格を持つ私的独占の排除行為に該当するとされる。次の奥道後温泉バス事件とパラマウントベッド事件がある。

（１）奥道後温泉バス事件と認可申請の制限

愛媛県の伊予鉄道は、奥道後温泉の開発に伴い新規参入した奥道後温泉観光バスとの協定に基づき、奥道後温泉観光バスに対して、同社が運輸大臣に申請した新たな路線免許申請の取下げを求めた。この件で高松高裁は、私的独占の排除行為の対象となる事業者には、その当時新たにバス事業者になるべく免許申請中であった潜在的競争者も含まれ、伊予鉄道は競合する路

線における バス事業への奥道後温泉観光バスの参入を妨げようとしたのであるから、奥道後温泉観光バスとの間の協定締結は、排除型私的独占に該当すると判示し、その協定の私法上の効力を否定した(一九八六年)。すなわち、相手方の認可申請行為を禁止するという内容の協定締結が、私的独占の排除行為に該当するとした。

(2)パラマウントベッド事件と公的機関への働きかけ

この件で、パラマウントベッド社は、東京都財務局が発注する都立病院向けの医療用ベッドの入札に関して、競争相手であるフランスベッド社などを排除するために東京都の担当職員に様々な働きかけを行った。

東京都は、都立病院向け特別看護用ベッドを競争入札方式で購入することとし、またできる限り多数のメーカーが参加できる仕様を指定することとしていた。特別看護用のベッドについて、パラマウントベッド社、フランスベッド社、マーキスベッド社が三大メーカーであったが、その当時、パラマウントベッド社が東京都向けの大部分を供給しており、同社はその高いシェアを維持するため、東京都の入札担当職員に様々な働きかけを行ったのである。まず、担当職員にその事実を告げずに、自己のみが知的財産権を有する仕様を指定させようとした。次に、自己の標準品が具備し他社の標準品が具備していない仕様を含ませようとした。

さらに、パラマウントベッド社は、入札担当職員のための説明メモや資料を作成したが、それはパラマウントベッド社製ベッドが他社のベッドよりも優れていることを示唆するものであった。また、担当職員のため現地説明会における模範回答まで準備しそのとおり回答させた。この結果、競争ベッドメーカーは入札に参加できないことが多かった。

このような有利な取扱いを受けて、競争者を排除するために政府機関やその職員に働きかける行為は、不公正な取引方法としては指定されていない。そこで公取委は、パラマウントベッド社の行為は競争ベッドメーカーの事業活動を排除するものであって排除行為にあたり排除型私的独占に該当するとした(一九九八年)。

**一連の行為**

ここまで取り上げてきた個別行為はいずれも、その行為単独で独禁法のいずれかの禁止規定に違反するものであった。ところが、単独では違反とならない行為を含めて、一連の行為を一括して私的独占の排除行為に該当するとしたのが北海道新聞社(函館新聞)事件審決(二〇〇〇年)である。

北海道新聞社は、北海道の道南地域である函館地区における新設会社が新たな新聞を発行しようとしているという情報を得て、その新規参入を阻止するために四つの行為を行った。

第一に、地方紙発行会社は通常その地域にちなんだ新聞名をつけることから、新設会社は新聞名として、函館、南北海道などの名称を付けることが予想された。そこで、北海道新聞社はそれらの名前を使用することを阻止する目的で、特許庁にそれら名称の商標登録申請を行った。さらに、新設会社が「函館新聞」を新聞名として採用した後に、函館新聞社に対して函館新聞名を使うことを止めるよう文書で要求した。

第二に、函館新聞社は、最大の通信社である時事通信社からニュースを得ることを希望していた。ただし、時事通信社は特定地域ごとに、先行新聞社が同意しない限りその競争新聞社とは取引しない、という方針を採っていた。北海道新聞社は、時事通信社の方針を知りながら、繰り返し函館新聞社にニュースを配信しないように要請した。

第三に、北海道新聞社は、北海道新聞とは別に、函館地域専門の地域情報版を発行し、その広告料を北海道新聞の広告料の半額とした。そのため、函館新聞社は広告収入を十分に得ることができなかった。

第四に、テレビ局であるテレビ北海道は、函館新聞社から「函館新聞」のコマーシャル放映を依頼されてそれを引き受けたが、その情報を得た北海道新聞社は、テレビ北海道に対してそのテレビコマーシャルを放映しないように要請した。この結果、テレビ北海道は最終的に函館新聞のコマーシャル放映を拒絶した。

これらの行為のうち、第二および第三の行為は単独では独禁法に違反するか明らかでなかったが、公取委は、北海道新聞社の行為が全体として新規参入を不当に妨害する行為として私的独占の排除行為にあたり排除型私的独占に該当するとした。

**複合行為**

複合行為事案では多数の細分化された違反行為が認定される。その行為が全体として独禁法に違反することに問題はないが、過度に細分化された複数の行為をそれぞれ不公正な取引方法に該当するとして法適用するよりも、一括して単一の行為または一連の行為として私的独占の排除行為に該当するとして法適用することが相当である。

神奈川生コンクリート協同組合(以下、神奈川協組という)は、生コン製造業者を組合員とし、横浜市などの区域において生コンの共同販売事業を行っており、当該区域の生コン販売量のほとんど全てを販売していた。

神奈川協組は、アウトサイダーと取引しないように、①自己の組合員と取引している販売業者に対しては、その全購入量を神奈川協組から購入するようにさせ、②建設工事業者に対しては、神奈川協組の組合員の生コンのみを使用させるようにし、③セメントメーカーに対しては、そのメーカーと同じ系列の組合員を介してアウトサイダーへのセメント供給量を削減させるようにした。公取委は、神奈川協組の行為のうち、①は排他条件付取引に該当し、②③のアウトサイダーと生コン需要者、セメントメーカーとの取引の妨害行為は、それぞれ競争者に対する取引妨害に該当するとした(一九九〇年)。

この件は、当該販売地域内で独占力を有する神奈川協組がアウトサイダーを排除するため、販売業者、建設業者、セメントメーカーに圧力をかけた事案であり、神奈川協組の行為を一括して排除型私的独占に該当すると認定することが相当であった。

全国農業協同組合連合会(以下、全農という)事件では、東日本の青果物用段ボール箱市場において市場占有率六〇%を有する全農が、自己系統外ルートで販売する農業用資材販売業者を排除するために、自己と取引のある指定段ボール原紙メーカーや指定段ボール箱メーカーの事業活動に制約を加えた行為が、それぞれ一般指定の拘束条件付取引、その他の取引拒絶、優越的地位の濫用に該当して不公正な取引方法の禁止に違反するとされた(一九九〇年)。これも、全農の行為が私的独占の排除行為または支配行為にあたり私的独占に該当すると認定することが相当な事案である。

## 3　不当な取引制限の禁止による共同行為規制

### 共同行為規制の特質

共同行為は、単独行為と比べて、行為類型ごとのルールが比較的明らかである。大まかにいうと、カルテルは当然違法、共同の取引拒絶は原則違法、業務提携(生産提携、販売提携、購買提携、共同研究開発、規格設定など)は原則合法、垂直的価格制限は原則違法(当然違法に近い)、垂直的非価格制限は原則合法である。伝統的に、競争関係にある事業者間の取決めである水平的制限と垂直的関係にある事業者間の取決めである垂直的制限に大別される。

以下、判例法が形成されている、カルテル、共同の取引拒絶、垂直的価格制限(再販売価格維持)、垂直的非価格制限(販売地域制限、取引先制限、販売方法の制限)という行為類型の順にルールを見ていこう。

## カルテル

一九八四年の石油ヤミカルテル事件最高裁判決は、カルテルについてのルールを確立する上で、重要な先例となった。

この最高裁判決の大きな意義は、日本の水平的規制において当然違法型のカルテル（ハードコア・カルテル）とその他の合理の原則型の行為とに二分した上で、異なるルールを設定したことと、合意によるカルテルについて当然違法に近いルールを確立したことである。

石油元売り会社一二社は、いわゆる石油危機に際し、一九七二年一〇月から翌年一二月にかけて、五回にわたり石油製品の価格引上げを協定して実施した。公取委は、ヤミカルテルであるとして一九七四年二月に検察庁に刑事告発した。元売り一二社の価格協定事件について、最高裁は、一九八四年に各被告人に有罪の判決を下した。

この石油製品ヤミカルテル（価格協定）事件最高裁判決は、カルテルと不当な取引制限の禁止に関する多数の法的争点に公権解釈を示して、カルテルが独禁法上当然違法に近い取り扱いを受けることを明らかにした。すなわち、

第一に、不当な取引制限の相互拘束としては、価格を引き上げるなどの競争者間の相互認識で十分であり、それら競争者間の監視システムや制裁措置の存在は必要でない。

第二に、不当な取引制限は、カルテルの合意時に成立する。カルテルでは、参加者の実施行為またはその実効性は要件にならない。それまでの公取委の実務は、合意によるカルテルも実施時に不当な取引制限に該当するというものであった。そのために、取引相手に価格引上げを通知したことやおおむね合意どおりに価格が上がったことを認定していた。

第三に、「公共の利益に反して」という要件は、カルテル参加者が立証責任を負う違法性阻却事由にあたり、緊急避難のようなきわめて例外的な場合にのみ認められる。最高裁は、この事件でも違法性阻却を認めなかった。さらに現在までこの違法性阻却事由が認められた事例は一件もない。したがって、最高裁判決は独禁法上のルール形成において「公共の利益に反して」という要件はほぼ無視してよいことを明らかにしたことになる。

しかし、カルテルについての現行ルールは、米国反トラスト法のカルテルについての当然違法の原則とは、次の点で異なっている。

カルテル形成時におけるカルテルの実効性を担保するために、カルテル参加者の合計市場占有率が四〇％を上回っている必要がある。これまでのカルテル案件では参加事業者の合計市場占有率は一応四〇％を上回っている。第二に、入札談合について、反トラスト法上は個別の入札談合自体(受注調整行為)が違法になるのに対して、独禁法上は「一定の取引分野」という要件のため、特定官公庁向けの特定工事の入札などについての受注予定者を決定するルールを定めること（基本合意）が不当な取引制限に該当する。

カルテルについては、実施行為（個別受注調整行為）や実施状況から、複数事業者間において相互に同一内容の行為の実施を認識、予測して、歩調をそろえるという「意思の連絡」が実施時に推認される場合でも同一ルールが適用される。

**共同の取引拒絶**

共同の取引拒絶は、特定の相手方との取引を共同して拒絶する直接の共同取引拒絶と、同業者が取引関係の上流または下流にいる取引相手に対して、共同して特定の競争業者と取引しないように圧力をかける間接の共同取引拒絶とに大別される。独禁法上、後者が悪質な行為でありボイコットと呼ばれる。

（1）千葉新聞不買事件と間接の取引拒絶

一九五五年に、「朝日新聞」を発行する朝日新聞社、「読売新聞」を発行する読売新聞社および「毎日新聞」を発行する毎日新聞社は、千葉県における発行部数の大幅な減少が「千葉新聞」を発行する千葉日報社の新規参入によるとして対抗措置を講じることにした。三社は、各新聞販売店との会合を別々に設け千葉日報社と取引しないことを約束させたうえ、新聞販売店の合同会議において「千葉新聞」不買決議をし、その旨千葉日報社に通知させることにした。この千葉新聞不買事件で、東京高裁は、公取委の申し立てを受けて、三大新聞発行本社の行為が違法な共同の取引拒絶にあたるとして緊急停止命令を下している（一九五五年）。

（2）新潟県タクシー会社事件と間接の取引拒絶

新潟交通圏においてタクシー事業を営むタクシー会社二一社は、新潟ハイタクセンターが発行するタクシー共通乗車券を使用する客が低廉なタクシー運賃を適用しているタクシー会社三社に奪われていることに不満を有し、低額運賃タクシー会社が共通乗車券事業契約に参加できないようにするため、新潟ハイタクセンターを解散させるとともに、同二一社を三グループに分けてそれぞれが株主となる共通乗車券事業を営む三社を設立した。そのうえで、二一社はいずれの共通乗車券も共通して使用できるようにするとともに、新共通乗車券事業会社三社に対して低額運賃タクシー会社三社とは契約を締結しないようにさせた。

公取委は、この行為が、共同して、新共通乗車券事業会社三社に対して低額運賃タクシー会社三社との共通乗車券事業に係る契約を拒絶させているものであって、違法な共同の取引拒絶に該当するとした(二〇〇七年)。

(3)日本遊戯銃協同組合事件と自主安全規約の制定

こうした判例の一方で、日本遊戯銃協同組合事件東京地裁判決(一九九七年)は、ボイコットが違法であるというルールに一定の例外を設けた。

この協同組合は、アウトサイダーであったデジコン電子を除く、エアーソフトガンメーカーすべてを会員とし、プラスティック製弾丸の重量および弾丸の初期発射速度について上限を定めた自主安全規約を制定して、メーカーにそれを遵守させるとともに、エアーソフトガンに協同組合発行の安全シールを貼付させていた。さらに、自主安全規約を普及させるため卸売業者を三団体に組織化していた。

デジコン電子は、安全規約を超えた強力なエアーソフトガンを販売開始した。これに対して協同組合は、会員であるメーカーと三卸売団体を通じて、デジコン電子製の新エアーソフトガンを取り扱わないように小売業者に要求させるとともに、その要求に従わない小売業者にはメーカーがエアーソフトガンを供給しないことになる旨通告した。

この件で東京地裁は、安全規約について、目的が妥当であって、その内容が合理的なもので、かつその実施方法が相当である場合には独禁法に違反しない余地があるとしたうえで、本件安全規約は目的の妥当性・内容の合理性を充たす可能性はあるが、実施方法が行き過ぎで相当でないとして違法な共同の取引拒絶に該当するとした。現実にも、安全規約を超えたエアーソフトガンが安全シール付で流通していることなどから、この件での協同組合の行為はもっぱらデジコン電子を排除するためになされたと認定した。ここまでは、いずれもボイコット事案である。

（4）着うた事件と直接の取引拒絶

大手レコード会社五社は、共同出資により運営される会社・レーベルモバイルを設立して着うた提供事業を開始し、同社による着うた提供事業が軌道に乗った後、他の着うた提供業者の参入によって着うた配信価格の安定が脅かされることのないよう、他の着うた提供業者に対して利用許諾の方法では楽曲を提供しないことにした。レコード会社五社の合計市場占有率は、提供楽曲の割合で約四七％、ダウンロード回数の割合で約四四％であった。

この件は直接の共同取引拒絶に分類されるものであるが、東京高裁は、レコード会社五社の行為は拒絶される者の市場における事業活動を不可能または著しく困難にするものであって、違法な共同の取引拒絶に該当するとした（二〇一〇年）。

## パテントプールと合理の原則

パテントプールの違法性基準については、パチンコ機パテントプール事件審決(一九九七年)、パチスロ機パテントプール事件東京高裁判決(二〇〇三年)によって、合理の原則の下での判断基準が確立された。パテントプールとは、特許権者らが関連特許権を受託会社に移転して相互にその実施許諾を受けることである。

パチンコ機パテントプールにおいては、パチンコ機製造に関する特許権等を有する製造業者一〇社が、その保有する特許権等を日特連(日本遊技機特許運営連盟)に管理委託し、国内のパチンコ機製造業者のほとんどすべてを占める日工組(日本遊技機工業組合)の組合員一九社に実施許諾していた。日特連が保有するまたは管理する特許権等はパチンコ機の製造を行う上で重要な権利であり、これらの実施許諾を受けることなしにはパチンコ機の製造を行うことは困難であった。パチンコ機パテントプール事件で、管理会社である日特連は新規参入の阻止という方針をとり、その方針を実施していた。その運用においては、販売数量の制限や販売価格の統制、競合機種の製造・販売に対する先行業者の事前承認、販売業者の登録制といった競争制限的な内部統制が存在した。公取委は、このパテントプールが排除型私的独占に該当するとした。

他方、パチスロ機パテントプール事件で東京高裁は、米国反トラスト法上の合理の原則と同等の、詳細な違法性基準・分析方法を確立して、当該パテントプールは独禁法に違反しないとした。

管理会社である日電特許(日本電動遊技機特許株式会社)は、パチスロ機メーカーである二一社の均等出資により設立され、取締役にはアルゼ株式会社などプール特許権利者六社の代表者などが選任されていた。

アルゼほか権利者六社は、個別に年度ごとに日電特許との間で、パチスロ機に関する特許等を日電特許に実施許諾する旨および日電特許は権利会社を含むパチスロ機メーカー二一社にプール特許等の再実施権を付与する旨の契約を締結していた。

再実施権者二一社は、パチスロ機に貼付する証紙を日電特許から購入する形で、製造販売するパチスロ機一台ごとに二〇〇〇円の実施料を支払い、日電特許はそのうち一〇〇〇円を管理費用に充当し、一〇〇〇円を各権利会社に配分していた。

アルゼが提起した特許権侵害訴訟において、このパテントプールが独禁法に違反するかが争われた。

東京高裁は、パテントプールの違法性は、基本的に次の四要素を総合して決定されるという考え方を採用した。

第一に、そのパテントプールが形成された目的がなにであるのか。

第二に、プールされた特許によって製造されている製品の市場占有率は何%であるのか。また は、当該製品の製造のためにはプール特許の実施許諾を受けることが必要不可欠であるのか。

第三に、実施希望者に合理的料率で許諾されているのか。

第四に、関連市場において、製品価格の高止まり・画一化等競争制限効果が生じているか。または、パテントプールに付随した価格や数量等に関する競争制限行為が実施されているか。

その上で、第一について、日電特許が設立された目的は、パチスロ機のメーカー間で特許権等をめぐる紛争が絶えなかったことから、特許権等を日電特許に集中させてメーカー間の利害を調整し、特許権等をめぐる紛争を未然に防止することにより、パチスロ機製造業界の健全な発展を期するということにあったと判示した。

すなわち、本件パテントプールの目的は、特許紛争を解決するためのものであって、パチスロ機業界を管理して同業界への新規参入を阻止することを目的としたものでないと認定した。

第二については、全てのパチスロ機製造業者が日電特許からプール特許の実施許諾を受けてパチスロ機を製造していたと認定した。ただし、このパテントプールが、現在および将来においてパチスロ機の製造に不可欠な特許権等を網羅する仕組みであったとまでは認められないとしている。この点で、パチンコ機パテントプールにおいて日特連が保有するまたは管理する特許権等の実施許諾を受けることなしにはパチンコ機の製造を行うことは困難となるのとは異なっているとしている。

第三については、パチスロ機パテントプールは、基本的に閉鎖型のパテントプールであって、外部の実施希望者に実施されていないが、不正機の製造を防ぐため、実施希望者の経営内容等の審査を慎重にしたことにも、ある程度正当化事由があったとした。

第四については、パチスロ機パテントプールには、パチンコ機パテントプールのような付随した競争制限的な行為は一切なかったと認定した。

結局、パテントプール形成に正当な目的が認められることおよび付随的な競争制限的行為がなかったことを重視して、パチスロ機パテントプールは独禁法に違反しないという結論を導いている。パチンコ機パテントプールとは、新規参入阻止方針をとって新規参入を拒否していたことと付随的な競争制限行為が存在したことで、事実関係が異なるとした。

競争者間の共同研究開発や規格統一などについても、合理の原則型の水平的制限と位置づけられるのであって、今後同様に主要な考慮要素を明示したルールを確立すべきであろう。

**垂直的価格制限（再販売価格維持）**

垂直的制限規制では、消費財メーカーによる販売業者の事業活動への制限が問題とされてきた。垂直的価格制限のうち、組織的に行われる再販売価格維持は、粉ミルク事件最高裁判決（一九七五年）に沿って、当然違法に近いとするルールが維持されている。このルールが、広告における小売価格表示の制限や役務の対価にかかる制限にも適用されている。

（1）育児用粉ミルク事件と当然違法型のルール

この当時、粉ミルク業界においては、明治乳業、森永乳業など四大メーカーが存在した。このうちの一つである明治乳業（市場占有率約三〇％）の販売会社である明治商事は、一九六四年九月に新粉ミルクＦⅡを販売開始し、価格を維持するため次のような措置を講じた。

第一に、明治商事がＦⅡの卸売価格および小売価格を決定し、卸売業者に対してはその希望卸売価格で販売することを、小売業者に対してはその卸売価格で仕入れ、希望小売価格で販売することを求めた。第二に、明治商事はＦⅡについて、希望卸売価格で販売する旨約束した登録卸売業者および希望小売価格で販売する旨約束した登録小売業者を通じて販売することとした。第三に、明治商事は、約束を守らなかった販売業者に対してリベートを削減する方針を取り、この販売方針を実施した。

他の三メーカーも、ほぼ同時期に同一販売方針を採用・実施した。

この事件で最高裁は、すべての販売業者に組織的に課す再販売価格維持が原則違法である旨のルールを確立し、おとり廉売の目玉商品として販売されるのを防ぐ必要性などの商慣行および事業経営に基づく正当事由をすべて拒絶した。おとり廉売とは、集客のために特定商品を目玉商品として安売りすることをいい、明治商事は粉ミルクがおとり廉売に使われることを防ぐ必要があったと主張した。

次いで、第四位で市場占有率約一〇%の和光堂が、自己の再販売価格維持は他の三大メーカーとの競争を促進すると主張した。これに対しても最高裁は、再販売価格維持がたとえメーカー間の競争を促進するとしても、販売会社間の競争を妨げることから違法であるとした。この場合の違法性の論拠は、ブランド内競争の制限、より広くは流通段階の競争の制限に求められた。ただし、再販売価格維持は当然違法に近いというルールを確立した一九六〇—七〇年代には、不況下でインフレが進行し、メーカー間での協調的価格引上げが目立った時期であって、寡占業界ではブランド間競争は期待できず、せめてブランド内競争を維持して行こうという声が強かったことも事実である。

粉ミルク事件判決では、拘束について、再販売価格維持が契約上の義務として課せられている場合だけでなく、不遵守に対して経済上の不利益を課すなどにより実効性が確保されていれば足りるとした。これ以降、一九七〇—八〇年代を通じて、再販売価格維持が、カルテルと並び、独禁法上の二大攻撃目標となっていった。

次に挙げる資生堂事件審決(一九九五年)までは、メーカーの再販売価格維持行為は、安売りしている業者や横流ししている業者に対する出荷停止、中途解約、契約打ち切りの脅しというような制裁事例を伴っていた。

(2)資生堂再販売価格維持事件と合意による拘束

資生堂は、日本最大の化粧品メーカーであり、販売店に対して、資生堂化粧品を希望小売価格で販売し、適正販売マージンを確保するよう求めていた。一九九五年まで一〇〇〇円以下の化粧品については再販売価格維持が認められていた。この当時、資生堂化粧品の販売金額上位五社は、ジャスコ、ダイエーを含む大規模販売業者で占められていた。

一九九二年に化粧品の再販売価格維持品目が減少された際、ジャスコは、割引販売を企画しその旨資生堂に通知したが、資生堂は販売促進のためサンプルを提供する旨提案して割引販売中止を要請した。またダイエーも、安売り店の低価格に対抗するために割引販売を企画しその旨資生堂に通知したが、資生堂は安売り店対策をとることと販売促進援助を申し出て、割引販売の中止を要請した。

結局、ジャスコおよびダイエーは、資生堂とのトラブルを避けるために資生堂化粧品を希望小売価格で販売したが、この件において資生堂が割引販売を開始した小売業者を脅して止めさせたというような個別事例はなかった。したがって、この件は資生堂が再販売価格を維持する旨の同意を得るために「利益を提供する」ことによって、ジャスコおよびダイエーに再販売価格を維持する旨を同意させた(または合意した)事例であったといえる。

**垂直的非価格制限**

垂直的非価格制限については、一九九〇年代後半からの先例によって原則合法・例外違法のルールが形成されている。資生堂事件および花王事件最高裁判決(一九九八年)が、垂直的非価格制限規制の転換点となった判決であり、三光丸本店事件東京地裁判決(二〇〇四年)が、原則合法という原則を確立した判決となる。

(1)資生堂・花王事件と対面販売条項

対面販売についての資生堂事件および花王事件最高裁判決(一九九八年)は、販売方法についての基本先例であるだけでなく、垂直的非価格制限についての転換点となった判決である。

資生堂化粧品販売は、対面販売を義務づける特約店契約に基づき、資生堂化粧品を小売店に販売していた。対面販売条項は、小売店が教育訓練を経た販売員を店頭において(顧客の求めにより)その特質および使用方法に関する情報を提供する態勢を整えておくことを義務づける。

この件において、資生堂の特約店である富士喜は、カタログを配布し注文を電話またはファックスで受け付ける形で割引価格によるカタログ販売を行い、資生堂は、最終的に富士喜との特約店契約を解約した。

花王化粧品販売も、同様な特約店契約の下で花王化粧品を小売店に販売していた。花王は、特約店江川企画がカウンセリング販売を実施せずに、多量の花王化粧品を他の販売業者に横流しをしていると考えて特約店契約を解約した。その後、この訴訟において江川企画が、特約店でない前記富士喜に多量の横流しをしていたことが判明した。

これらの件で最高裁は、販売方法の制限について、それが当該商品の販売のためにそれなりの合理性を有し、かつすべての小売店に同等の義務が課せられている限り、拘束条件付取引に該当しないとした。その上で、化粧品の対面販売は、美容法を教え皮膚のトラブルを防ぐことによってブランドイメージを確保する点でそれなりの合理性を有し、すべての小売店に同一義務が課せられているから、拘束条件付取引に該当しないとした。

さらに最高裁は、化粧品メーカーは小売店に対して、対面販売の実効性を確保するため自己と特約店契約を締結していない販売店への横流しを禁止することができるとした。最後に、販売方法の制限は商品の小売価格を安定化する効果を有するが、そのこと自体から再販売価格の拘束にあたるとはいえないと判示した。

資生堂・花王事件最高裁判決の価値は、販売方法の制限のルールを確立しただけでなく、「拘束条件付取引が規制されるのは、相手方の事業活動を拘束する条件を付けて取引すること、とりわけ、事業者が自己の取引とは直接関係のない相手方と第三者との取引について、競争に直接影響を及ぼすような拘束を加えることは、相手方が良質廉価な商品・役務を提供するという形で行われるべき競争を人為的に妨げる側面を有しているからである。しかし、拘束条件付取引の内容は様々であるから、その形態や拘束の程度等に応じて公正な競争を阻害するおそれを判断し、それが公正な競争秩序に悪影響を及ぼすおそれがあると認められる場合に、初めて相手方の事業活動を『不当に』拘束する条件を付けた取引に当たるものというべきである。そして、メーカーや卸売業者が販売政策や販売方法について有する選択の自由は原則として尊重されるべきである」と判示し、垂直的非価格制限に対し許容度の高い立場を採用した点にある。

(2)三光丸本店事件と販売地域の制限

三光丸本店事件東京地裁判決(二〇〇四年)は、垂直的販売地域制限、さらには垂直的顧客制限についての基本先例になると予想されている事例である。また、継続的取引関係を中止することが独禁法に違反するとして争われる典型的なディーラー打ち切り事案でもある。論点は、販売地域制限の違法性基準である。

この件で、配置業者らは、三光丸本店から一五年ないしは一〇〇年以上の期間にわたって継続的に健胃消化剤である三光丸を仕入れ、得意先である一般家庭に薬箱の形で配置したうえ、定期的に得意先を回って配置薬の補充と使用された配置薬の代金を徴収することを繰り返すという営業形態をとっている。

新販売供給契約は、配置業者に対して販売地域を指定し、その地域内で三光丸の配置を行うものとし、さらに得意先の住所・氏名および電話番号からなる顧客情報を報告するものとしている。

東京地裁は、販売地域を指定する厳格な販売地域制限について、①市場における有力な事業者であること、②事業活動の不当な制限であること(地域制限に一応の相当性・合理性がある場合に該当しないこと)、③価格維持の効果が生じること、という三要件を充たさないと違法とはならないとした上で、この件では、一般用胃腸薬も一部競合関係にあって三光丸本店は有力な事業者に該当せず、また本件販売地域制限には広告宣伝や廻商の効率化、サービスの向上という一応の合理性が認められ、さらに小売価格維持行為はないと認定して、いずれの要件も充たさないとした。

しかし、合理の原則の基本的な適用のあり方を考えると、ルールとして、①拘束の形態や強さ、②当該事業者の市場占有率、③当該拘束を採用する合理性や正当化理由、④価格の維持効果の四要因を総合判断して、拘束条件付取引に該当するか否かを決めるとすることが相当である。そのうえで、要因ごとの認定事実を総合判断すると、ここでの販売地域制限は拘束条件付取引に該当しないとすることで足りる。同様なルールが取引先制限にも当てはまる。

これまでの公取委の見解は垂直的非価格制限について厳しすぎるのであって、それを是正しようとする裁判所の立場は支持できるが、前述の三要件を全て充たさないと拘束条件付取引に該当しないというのは厳しすぎるであろう。

まとめに、垂直的制限につき、建前は価格制限が原則違法、非価格制限が原則合法であるが、価格制限は当然違法に近く、非価格制限は当然合法に近いというルールが形成されている。

### 継続的取引関係の解消と民事法の適用

この件で、配置業者らは、顧客情報報告条項が優越的地位の濫用に該当すると主張した。東京地裁は、優越的地位とは、一方が相手方に対して相対的に優越的地位にあれば足りると解するのが相当であるとしたうえで、配置業者らの三光丸取引への依存度は相当程度高いものであると認めざるをえず、取引依存性に基づき優越性があるというべきであるとした。しかし、報告情報が住所、氏名および電話番号に限定され、その使用方法も指定販売地域の決定に限定されることなどから、配置業者らへの不利益性を認めることはできず、顧客情報報告条項は優越的地位の濫用に該当しないというべきであるとした。さらに、この条項は配置業者の代表者が参加する同盟会幹事会において承認されたことや大多数の配置業者が販売地域の指定を支持して得意先の住所、氏名および電話番号を報告していることから、手続面でも問題はないとしている。

ただし、このような継続的商品供給契約については、相手方の期待権や取引上の利益を考慮することなく一方的に解約をすることは許されるべきでない。すなわち、民法上の継続的取引関係の判例法が適用されて、解約には、解約申入れ自体に信義則に反しない程度の相当かつ合理的な理由が存在することと、相手方の取引上の利益に配慮した相当期間の猶予が要求されると解すべきである。この件では、猶予期間として解約申入れ後一〇年間程度が相当であるとされた。このように一般民事法によって販売業者の権利が保護されて個別取引の公平さが確保されるのである。

## 4　日本固有の規制——歴史的産物としての不公正な取引方法

### 歴史的産物と不要な禁止行為

不公正な取引方法は、もともと一九四七年制定後約四〇年間独禁法を競争法として運用できず、不正競争法的に運用せざるを得なかった時期における歴史的産物である。

不公正な取引方法は、三条を適用できるために本質的に不要な禁止行為である(三条と一体となる)自由競争減殺型と、日本固有の規制である不公正な競争手段型・自由競争基盤侵害型とに二分される。

自由競争減殺型の不公正な取引方法とは、今日では、共同の取引拒絶、再販売価格の拘束、その他の取引拒絶、差別対価、不当廉売、取引条件等の差別取扱い、抱き合わせ販売等、排他条件付取引、拘束条件付取引、競争者に対する取引妨害をいう。将来的には、行政制裁金制度の導入に伴い、自由競争減殺型の不公正な取引方法は不要なものとなる。

日本固有の規制として最後まで残る不公正な取引方法は、不公正な競争手段型の不公正な取引方法である不正競争行為と自由競争基盤侵害型の不公正な取引方法である優越的地位の濫用になる。

不公正な競争手段型の不公正な取引方法についても、一九五三年制定の原始一般指定はその当時としてはそれなりにその時期の要請に合致していた。さらに、一般指定による禁止行為は告示で定めて経済環境の変化に応じて迅速に変更していくことが予定されていた。しかし、今日まで六〇年間基本的に同一禁止行為を維持してきたため、時代錯誤的な行為がそのまま残っている。

その時代錯誤的な禁止行為とは、事業者団体における差別取扱い等、不当高価購入、取引の相手方の役員選任への不当干渉、競争会社に対する内部干渉という指定禁止行為をいい、不要な禁止行為である(ぎまん的顧客誘引、不当な利益による顧客誘引は議論が分かれる)。

### 日本固有の規制への純化

一九条違反(二条九項の不公正な取引方法の禁止)の課題は、自由競争減殺型の不公正な取引方法を廃止することによって日本固有の規制として純化することである。

具体的には、現行一九条を改正して、法定行為としては優越的地位の濫用以外を廃止する。すなわち、不公正な取引方法の法定行為としては、課徴金の対象行為とするために、日本独自の規制である優越的地位の濫用のみを規定する。

同時に、一般指定を改定して、不正競争行為に該当する、競争者に対する取引妨害、不当廉売、抱き合わせ販売等を指定し、一般指定のほかの指定行為は廃止する。

この法改正等が現実の課題となる時期には、三条による規制対象である単独行為と共同行為はすべて行政制裁金の対象になり、かつ判例法として行為類型ごとの単一ルールが確立した後であって、その時点での実現はきわめて簡単なものとなるだろう。

### 不正競争行為――不正競争的な法運用

不正競争法で禁止する不正競争行為は、本来その行為の反競争的性格を規制理念とし、関連市場における競争制限効果を規制理念とする競争法が禁止する競争法違反行為とは別物である。

判例法としての不正競争行為は、今日では次の四つに限定されている。

①　競争者に対する取引妨害(威力業務妨害と債権侵害)——もともとの競争者に対する取引妨害で想定されていた行為である。

②　並行輸入不当妨害行為

③　不要商品購入強制型抱き合わせ

④　小売段階における不当廉売——独立自営業者の保護を規制理念とし、主に、酒類専門店、家電系列店、フルサービス型ガソリンスタンドの保護のために適用される。

**行政救済と司法救済**

欧米では市場における競争制限効果よりも、その行為自体の反競争的性格が規制論拠となるような行為については、すなわち市場での競争にほとんど影響を及ぼさない不正競争行為については、不法行為法や不正競争法などによって規律される。

日本では、これまで司法制度が十分に機能していなかったため、長らく裁判所による司法救済よりも、公取委による行政救済の方が有効であった。そのため、独占禁止法上の不公正な取引方法の禁止によって、かなりの程度不正競争法(日本では不正競争防止法)で禁止される行為を規制してきた。

**競争者に対する不当な取引妨害**

競争者に対する不当な取引妨害は、競争手段としての不公正さを規制論拠とし、事業者が競争者とその取引相手との間の取引を不当に妨害することを要件にしているだけで、具体的な妨害方法・妨害手段は何ら限定されていない。当初は妨害方法として競争者への脅迫や威圧、物理的妨害などが想定されていた。問題は、市場での競争に及ぼす影響がないような、市場占有率のきわめて低い競争業者間の取引妨害行為について、刑法による業務妨害等、不法行為法による債権侵害など、さらには仮処分による差止請求などでも対応可能であるなかで、どこまで公取委が取り上げていくべきかである。

(1)熊本魚事件と典型的取引妨害行為

熊本魚と大海水産の二社はともに熊本魚市場における鮮魚介類の卸売業者であって、取扱いシェアは熊本魚八五％、大海水産一五％であった。熊本魚は、①大海水産のセリ場の周囲に障壁を設け、当該障壁の周囲を監視して、買受人の大海水産とのセリ取引への参加を妨害したり、

②自己と買受契約を締結した買受人に対して威圧を加え、大海水産との買受契約更新を阻止したこと、が不当な取引妨害に該当するとされた（一九六〇年）。

（2）神鉄タクシー事件と典型的取引妨害行為

神戸電鉄の子会社で神戸電鉄の沿線を中心にタクシー事業を営んでいた神鉄タクシーは、駅前タクシー待機場所に専用使用権を有するとして、自己の従業員をして、原告個人タクシー事業者に対してタクシー利用者と旅客運送契約を締結する機会を奪った。その妨害手段も、自己の従業員をして、待機場所に進入しようとするタクシーの前に立ちはだからせたり、自己のタクシーを割り込ませたりして、待機場所内で先頭車両となることを妨害し、さらに先頭車両となった原告タクシーの扉の横に座り込ませたり、その前に立ちはだからせたりして、原告個人タクシーが利用者を乗せて発進することを妨害するという物理的な暴力を組織的に用いるものであった。

大阪高裁は、神鉄タクシーの行為について、そのタクシー待機場所についての専用使用権は認められないとし、物理的暴力を用いて利用者との間の旅客運送契約を締結することを妨害するものであることから、不当な取引妨害に該当するとした（二〇一四年）。

このように、有力競争業者間において、脅迫、威圧、物理的な暴力などの非倫理的手段を用いることが、不当な取引妨害の典型例である。

（3）東京重機工業事件と商道徳

家庭用ミシン機についての予約割賦販売が広く行われているなか、東京重機工業は、他社製家庭用ミシン機についての予約購入契約を結び予約金の掛け払いを行っている顧客に対して、払込済み掛金を負担する旨申し出て自社製ミシン機の購入契約に変更させる営業方針を採用し、実施した。公取委はこれが不当な取引妨害に該当するとした（一九六三年）。

この件では、東京重機工業はこの判断について争わなかったが、ここでの営業方法は、積極的な営業政策として許容されるものか非倫理的な妨害行為として禁止されるものか、商道徳上からもかなり微妙であって、不当な取引妨害の限界事例にあたる。

**並行輸入不当妨害行為**

公取委は、内外価格差の解消を目指して、著名ブランド品の並行輸入の不当な阻止行為の摘発に取り組んできている。ヤシロ事件がその代表例である。

ハンドバッグ等の卸売業者である株式会社ヤシロは、フランスのパリでハンドバッグ等の製造販売を営むフランス法人グルーム社から、グルーム社商品を輸入して、国内の百貨店に卸売りしていた。この当時、グルーム社製ハンドバッグは、パリでは小売価格が約三万円であったが、日本の百貨店では約五万円で販売されていた。フジサンケイ社が、グルーム社商品を輸入してパリ市での小売価格と同程度の価格で販売することを企画し、グルーム社と交渉した後、同社製ハンドバッグを約三万円で販売する旨広告した商品カタログ誌を配布した。ヤシロはこのことを知り、直ちにグルーム社に対し、フジサンケイ社との取引を停止するよう要請した。この結果、フジサンケイ社はグルーム社からハンドバッグを購入できなくなった。公取委は、ヤシロの行為が、競争者であるフジサンケイ社とグルーム社との取引を不当に妨害するものであるとした(一九九〇年)。

この事案で、グルーム社製ハンドバッグまたは同社製品は、シャネル、エルメス等他の著名ブランドのハンドバッグやブランド品と日本市場で競争関係に立つため、それ自体が単一関連市場として画定されることはないと考えられる。有名ブランドのハンドバッグ市場が関連市場として画定される可能性が大きく、その場合グルーム社製ハンドバッグのシェアはきわめて小さく、ヤシロの行為が市場での競争制限効果をもたらす可能性は小さい。さらに、著名外国ブランドメーカーとの総代理店契約そのものは公取委も独禁法上問題ないとしてきた。この事件は、公取委が当時の内外価格差の解消という政策目的を実現するために、グルーム社がフジサンケイ社との取引に合意したことを前提にヤシロがその両社間の契約の履行を妨害したことを、不当な取引妨害としたものである。

このほか、外国著名ブランド品の輸入総代理店が、正規輸入ルート以外での並行輸入を阻止するために、国内への並行輸入品に付された製造番号等をその製造元本社に通知し、並行輸入業者に供給しないようにさせることもよくみられる。公取委は、輸入総代理店のそのような行為も不当な取引妨害に該当するとして積極的に取り締まっている。

**不要商品購入強制型の抱き合わせ**

相手方に不要な商品まで押し付けて購入させる、不要商品購入強制型の抱き合わせは、典型的な不正競争行為である。次の「ドラゴンクエスト(以下、「ドラクエ」)Ⅳ」事件は、それに関する事案である。

ゲームソフトの製造業者であるエニックス社は、人気の高い新たなゲームソフト「ドラクエⅣ」の販売を開始しようとした。エニックス社は、過去のドラクエシリーズの販売で、販売業者が定価をはるかに上回る価格で販売したことで批判を受けたことから、卸売業者および小売業者に対して「ドラクエⅣ」を希望小売価格以上の価格で販売しないように指示した。そのため卸売業者の中には、人気のない在庫ゲームソフトも購入することを条件に小売業に「ドラクエⅣ」を供給する者が出てきた。

この件で、公取委は、卸売業者が、人気ゲームソフトである「ドラクエⅣ」と人気のないゲームソフトを抱き合わせで供給したことが、不当な抱き合わせ販売に該当するとした（一九九二年）。

本件でも、関連市場としてはゲームソフト市場が画定されるのであって、エニックス社製ゲームソフトや「ドラクエⅣ」そのものが関連市場を形成するとは考えられない。したがって、エニックス社製ゲームソフトのそこでの市場占有率を考えると、そのような抱き合わせがゲームソフト市場の競争に及ぼす影響はきわめて小さい。むしろ、その抱き合わせは顧客に不要な商品を購入させるという不正競争法違反とされるタイプの行為で、民事上の差止請求、損害賠償請求でも対応できるものであった。

**小売における不当廉売**

家電製品、酒類、ガソリンについて近年低価格を武器に専門量販店が台頭してきており、地域の専門小売店やその団体から、公取委への不当廉売の申告が数多くなされている。小売段階の不当廉売について、公取委は、安売りを推進する政策との兼ね合いもあって、その取扱いに極めて慎重であっておおむね警告、注意処分で終了している。また、申告対象となった専門量販店が恒常的に赤字で販売しているとは考えられない。

(1)マルエツ、ハローマート事件とおとり廉売

量販店ハローマートの千葉県松戸市本郷地区にある「ハローエース上本郷店」は、新装開店に伴い廉売すれば集客効果のある牛乳について、牛乳専売店の店頭小売価格が一リットル紙容器入り一本あたり一九〇円から二三〇円程度であるところ、従来の通常販売価格一七八円を一六〇円に値下げした。一方、近隣の量販店マルエツの上本郷店は、ハローエース上本郷店の牛乳の値下げに対抗して、従来の通常販売価格一七八円の牛乳を一五八円で廉売し始めた。

その後、両店は、牛乳の廉売による集客効果を狙い、販売利益を度外視し、交互に対抗的に販売価格の引下げを繰り返した。その結果、約三か月間にわたり顧客一人につき一本目は一〇〇円、二本目から一五〇円の価格で販売本数の制限無しに販売するに至った。なお、この当時マルエツ上本郷店の仕入れ価格は一本あたり一五五円と一五八円、他方、ハローエース上本郷店の仕入れ価格は一本あたり一五七円と一六〇円であった。また、同地区における牛乳専売店

での仕入れ価格は一本あたり一八五円程度であった。

公取委は、多種類の商品を取り扱っている有力な小売業者が、牛乳をその仕入れ価格を著しく下回る価格で継続して販売することは、牛乳専売店等を競争上きわめて不利な状況におくもので、その事業活動を困難にするおそれがあり、不当廉売に該当するとした(一九八二年)。

この事案では、各量販店は全体としての売上げを伸ばしており、牛乳を目玉商品として集客するというおとり廉売的な色彩が強い。ちなみに、欧米では、小売における不当廉売、とりわけ目玉商品のおとり廉売は不正競争法によって規制されているため、競争当局が取り上げることは稀である。

(2)濱口石油事件と原価割れ販売

公取委は、地域の専門小売店やその団体からの不当廉売の申告についてその取扱いに慎重でおおむね警告、注意処分で終了している。そのような状況のなかで、公取委は、濱口石油事件で、小売業者が仕入れ価格を下回る価格で販売することに対して、はじめて排除措置を命じた。

この当時、和歌山県田辺地区における普通揮発油販売量で第一位の濱口石油は、「南紀田辺店」給油所を二〇〇五年八月に新規開店し、それに対してセルフサービス型の競合店が販売価格を引き下げたことに対抗し、同給油所において、同月二五日から翌年一月三一日まで仕入れ価格に人件費等の販売経費を加えた価格を下回る価格で一〇六日間、そのうち仕入れ価格を下回る価格で八〇日間普通揮発油を販売し、「白浜空港線店」給油所において、二〇〇五年一一月二九日から翌年一月三一日までの間、仕入れ価格に同給油所の人件費等の販売経費を加えた価格を下回る価格で四三日間、そのうち仕入れ価格を下回る価格で三〇日間普通揮発油を販売した。

公取委は、「南紀田辺店」給油所および「白浜空港線店」給油所(いずれもセルフサービス型)における濱口石油の行為が仕入れ価格または仕入れ価格に人件費等の販売経費を加えた価格を下回る価格で継続して販売しているもので、田辺地区に給油所を設置する他の石油製品小売業者の事業活動を困難にさせるおそれのある事実が認められたとして不当廉売に該当するとした(二〇〇六年)。

本件の認定事実は、設定低価格の水準と低価格の継続期間のみである。「競争事業者の事業活動を困難にするおそれ」は、実施期間中に他の石油製品小売業者は普通揮発油の販売価格の引下げを余儀なくされた上、それら業者の販売量はおおむね前年同時期と比較して減少しているると認定しているだけである。実質的に廉売価格の水準とその継続期間を要件とし、小売段階の原価割れ販売を違法としたことになる。

### 優越的地位の濫用の禁止

優越的地位の濫用の禁止は、欧米の競争法に存在しない日本特有の行為類型である。契約当事者や取引当事者間において一方当事者が他方当事者よりも優越的地位にあることを必要条件として、優越的地位を有する事業者による他方事業者に対する不当に不利益を与える行為を規制する。

優越的地位は、二当事者間における取引上の依存関係などに基づく取引上の地位の格差であり、関連市場における市場占有率を指標とする関連市場における地位である市場支配的地位や独占的地位と明白に異なる。優越的地位の濫用の禁止は、輸入総代理店契約や国際的技術導入契約の規制、大規模小売業者への納入取引規制、下請法による規制など、過去に様々な日本特有な規制を生み出してきた。

### 規制の曖昧さ

優越的地位の濫用の禁止は、二契約、取引当事者間において一方当事者が他方当事者よりも優越的地位にあることを規制の論拠とする。そこで、継続的取引関係にある契約当事者間におけるあらゆる不公正な契約条項、取引慣行を規制対象とすることになりかねない。さらに、外国には存在しない規制であるため、外国競争法の事例との比較は不可能である。そこで、その限界は明白でなく、そのルールは本質的に曖昧なものとなる。

今日、優越的地位の濫用事件は大規模小売業者への納入取引事例にほぼ絞られている。納入取引における、①押付け販売、②協賛金の負担要請、③手伝い店員の派遣要請、④代金減額、⑤返品が代表的な違反行為である。

なかでも、三越事件は排除措置が命じられた最初の事件であり、山陽マルナカ事件は課徴金納付が命じられた最初の事件である。

(1)三越事件と購買力濫用

三越は、この当時、百貨店業界で売上げ第一位の老舗として、高い信用を得ていた。そのため、小売業者は権威付けや信用獲得のために三越への納入取引を行うことを強く望んでいた。三越は、同社の購買担当従業員を動員し納入取引関係を利用して主として売場外で、納入業者に対して、特定の商品・役務の購入を要請した。

まず、三越は、同社が開発または直接輸入した商品から選定した特定商品を「おすすめ販売」と称する販売方法で販売した。さらに、同社の共同制作した映画の入場券、花火大会入場券、海外旅行ツアーを、納入業者に販売目標を定めて購入要請するなどして販売した。それら要請を受けた納入業者は、三越との納入取引を継続させるため、事実上その購入を余儀なくされた。

次いで、三越は、店舗の売場改装費用を納入業者に負担させることとして、納入商品にかかわる改装であることを理由として特段の基準も示すことなく負担を要請した。納入業者は合理的な理由がなく、負担する費用の根拠が示されないにもかかわらず、立場上その負担を余儀なくされた。同様に、三越は、売り場での催し物や「大銀座まつり」等の催し物の費用を納入業者の負担によって賄うこととし、納入業者に対して合理的な理由を示すことなく目標額を定めて負担を要請し、納入業者は立場上その負担を強いられた。

公取委は、三越のこれらの行為が、自己の取引上の地位が納入業者に対して優越していることを利用して、正常な商慣行に照らして不当に不利益な条件で納入業者と取引しているものであって、優越的地位の濫用に該当するとした(一九九七年)。

これ以降、デパートメントストア、スーパーストア等の大規模小売業者による、納入業者に対する押し付け販売、協賛金等の利益提供要請、手伝い店員の派遣要請等の購買力濫用行為が優越的地位の濫用に該当するとされている。

（2）山陽マルナカ事件と購買力濫用

岡山県で最大の小売業者である山陽マルナカは、取引上の地位が自社に対して劣っている納入業者（以下、特定納入業者という）に対して次の行為を行った。

① 新規開店、全面改装、棚替え等に際し、当該特定納入業者の従業員等が有する技術または能力を要しない商品の移動、陳列、補充、接客等の作業を行わせるため、あらかじめその従業員等の派遣の条件について合意することなく、かつ、派遣のために通常必要な費用を自社が負担することなく、当該特定納入業者の従業員等を派遣させていた。

② 新規開店または自社が主催する「レディーステニス大会」などと称する催事等の実施に際し、納入する商品の販売促進効果等の利益がないまたは当該利益を超える負担となるにもかかわらず、金銭を提供させていた。

③ 自社食品課が取り扱っている商品（以下食品課商品という）のうち、自社が独自に定めた「見切り基準」と称する販売期限を経過したものについて、当該特定納入業者の責めに帰すべき事由がないなどにもかかわらず、その商品を返品していた。

④ 食品課商品のうち、商品の入替えを理由として割引販売を行うこととしたものについて、

当該特定納入業者の責めに帰すべき事由がないにもかかわらず、その仕入れ価格に五〇%を乗じて得た額に相当する額を支払うべき代金の額から減じていた。

⑤　クリスマスケーキ等のクリスマス関連商品の販売に際し、仕入れ担当者から特定納入業者ごとに最低購入数量を示すなどの方法により、クリスマス関連商品を購入させていた。

公取委は、山陽マルナカの行為が一体として優越的地位の濫用に該当するとして、違反行為の取り止めの確認などの排除措置を命じるとともに二億円超の課徴金の納付を命じた(二〇一一年)。この件は納入取引における優越的地位の濫用の典型行為を網羅的に含んでいる点が特色となる。

# 終章　これからの課題

ここでは、「あとがき」の趣旨も含めて、自己の個人的な体験や取り組みを交えながら、独禁法のこれからの課題をまとめてみよう。

**判例法と行為類型ごとの単一ルール**

いかなる競争法(競争法制)においても、実体ルールは判例法で定まり、かつ、判例法は行為類型ごとの単一ルールに収斂する。

競争法の講義では、いずれの国においても、総論部分は事前に自宅で読んでおくように指示する程度で、すぐにケースメソッド方式で判例法の分析や解説が行われる。目標は、判例法としての行為類型ごとのルールを教えて、判例法に照らして具体的な行為について競争法違反になるのか否かを見極める能力を修得させることである。

各国競争法における著名先例を熟読しても、細かな事実関係を前提とすると、同様な分析手順を採用して同じような結論に到達している。国内法である競争法が国際的な共通事業活動ルールになる所以である。この点は、二つの競争当局(司法省反トラスト局、連邦取引委員会)、三つの実体法(シャーマン法、クレイトン法、連邦取引委員会法)を有する米国反トラスト法でも同様であった。司法省と連邦取引委員会とが共同で共通のガイドラインを作成して行為類型ごとの単一ルールに誘導しようとしているのだ。

二〇年前から、独禁法も、判例法の形成が進むにつれて、判例法として行為類型ごとの単一ルールに収斂すると主張してきた理由である。行為類型ごとの単一ルールの形成は、純粋に現行独禁法の解釈問題である。判例の集積が進むにつれて、時間の経過とともに自然と実現する。

要するに、自由競争減殺型の不公正な取引方法の公正競争阻害性が一定の取引分野における競争の実質的制限と同一要件であるという結論になる。判例法がガイドラインに優越するのであって、相対立するガイドラインの内容は効力を失うため、ガイドラインは行為類型ごとの単一ルール確立の障害とならない。

## 三条は事後規制の基本禁止規定として優れた規定

私的独占の禁止は単独行為規制の基本禁止規定であり、不当な取引制限の禁止が共同行為規制の基本禁止規定である。

米国ロースクールで反トラスト法を学ぶと、独占禁止法は反トラスト法を受け継いだもので、私的独占の禁止がシャーマン法二条をモデルとし、不当な取引制限の禁止がシャーマン法一条をモデルとしたこと、同時に、二条五項と二条六項の内容は、シャーマン法制定以降半世紀の施行体験を踏まえたもので、シャーマン法の規定内容よりも優れていることも理解できる。

このことは、ＥＵ競争法を学ぶ者にとっても直ちに理解できる。独占禁止法三条のほうが、現在国際標準の競争法制と評価されているＥＵ競争法のＴＦＥＵ（ＥＵの機能に関する条約）一〇一条一項（競争制限的な目的または効果を有する協定等の禁止）および一〇二条（市場支配的地位の濫用の禁止）よりも優れている。

さらに、筆者は、二〇〇一年に、日本政府派遣でＯＥＣＤ事務局競争政策部に勤務して発展途上国における包括的な競争法制支援を担当し、職務上、英文でその当時の世界の競争法をほぼすべて読んだ。その際にも、改めて独占禁止法三条はきわめて優れたものであることを確認した。要するに、不公正な取引方法の禁止がなかったならば、独占禁止法三条はそのまま国際標準の競争法制となってもおかしくないほど、事後規制に係る優れた競争法制なのである。

## 今後実現すべき二大法改正

第一に、事後規制をすべて対象とする行政制裁金の導入、第二に、不公正な取引方法の解体である。

まず、上限金額を定めてその範囲内で、公取委が違反行為の重大度などを勘案して制裁金額を決定できる、大陸法系の行政制裁金を創設することである。行政制裁金制度の実現が、競争ルールを適正に執行するためにも措置体系を完成させるためにも、緊喫かつ最も難しい法改正事項である。

二〇一五年に大陸法系の行政手続に移行した後は、現行行政手続の構造からも、不当利得の剝奪と切り離すためにも、裁量型課徴金よりも行政制裁金が適切な用語となる。

他方、自由競争減殺型の不公正な取引方法を廃止して不公正な競争手段型と自由競争基盤侵害型の日本固有の規制として純化することは、国際標準の競争法に向けての最後の法改正となる。

## 二〇一六年までに実現した事項

課徴金制度については、確定金額算定方式の義務的課徴金制度の枠組みの下で、二〇〇五年改正で、不当利得を上回る金員の納付を命じるものとして、法的性格を行政上の制裁にした。カルテルに対する不当利得は売上高算定率八％までであって、それを上回る課徴金額を命じるものは違反抑止のための制裁金である。しかも、累犯加算、主導的役割加算、課徴金減免制度を伴っており、これが制裁金であることは明白である。

二〇〇九年改正では、一定の取引分野における競争の実質的制限を要件としていることから排除型私的独占を売上高算定率六％の、三条で規制されない行為のうち優越的地位の濫用を変則的売上高算定率一％の、課徴金の対象行為とした。これにより、課徴金はカルテルのみならず、独禁法違反すべてを対象とする制裁であることを明らかにした。ただし、改正後、優越的地位の濫用については五件で課徴金が課せられているが、排除型私的独占については一件も摘発されていない。

### 行政制裁金制度の創設

そもそも競争当局が制裁金額や制裁の賦課につき一切裁量をもたない、不当利得の剝奪と結びつけた、確定金額算定方式の義務的課徴金制度は日本しか存在しない制度である。すでに独占禁止法の執行にさまざまな弊害をもたらしてきている。そのため、公取委も適正に執行するために、裁量制を導入した課徴金制度の創設を希望しているわけである。

しかも、事後規制について行政制裁金制度はすべての大陸法諸国で採用されている。どれほど弱体な競争当局でも行政制裁金のもとで制裁金を課している。大陸法系の行政手続を採用する日本国で、しかも世界有数の競争当局である公取委の下で、行政制裁金を導入できないとはとうてい考えられない。

今後は、カルテルについての制裁水準の引上げを狙わずに、大陸法系の行政制裁金制度の枠組みの導入を優先させるべきである。

第一に、上限制裁金額および主要考慮要素を法定して、規定方式につき「命じなければならない」から「課すことができる」に変更すること。

第二に、カルテルにおける制裁金額の算定方法と減免制度の内容など、具体的な制裁金額算定に係るルールは公取委規則で定めること。

第三に、三条違反行為(私的独占と不当な取引制限)すべてを対象違反行為とすること。

実現可能性を考えると、上限制裁金額については、継続期間を三年間とし、カルテルに対しては違反対象商品売上高算定率二〇%を乗じた金額とし、カルテル以外の三条違反行為については違反対象商品売上高算定率三％程度を乗じた金額とすることが考えられる。

また、主要考慮要素として、違反行為の性質（行為類型）、違反行為の重大性（直接の競争制限効果）、違反行為者の有責性、調査への協力度が挙げられ、不当利得の剝奪は含まれない。

**公取委規則による制裁金額の個別算定ルール**

カルテルの制裁金額の個別算定ルールについては、第一に、これまでの不当利得の剝奪という考え方に基づく算定ルールから、違反抑止のため適正な制裁金額を課す行政制裁という考え方に合致する算定ルールに改め、第二に、制裁というからには当然裁量制をもつことから裁量制を加えることにより、算定ルールの改善を図るべきである。第三に、事業活動の実態からも、制裁金として違反抑止を図るという観点からも、企業グループ単位での適用を行うことである。

カルテルに係る課徴金額の算定方法については、一九七七年から四〇年間にわたり、世界に例のない、不当利得の剝奪を理念とした確定金額算定方式の義務的課徴金制度のもとでの算定方法を運用してきた。そのため、行政上の制裁という法的性格と合致しない硬直的な算定ルールが多く存在している。そこで、それらを行政制裁という考え方に合致するように改めるべきである。

カルテルに係る減免制度については、一〇年前には申告を促進することを重視する内容としたが、その施行経験を踏まえて、全面的かつ継続的な協力義務や証拠価値による減額率決定を導入して立証に役立つ内容に変更することが課題となる。

カルテル以外の三条違反行為についての算定方法は、違反対象商品売上高に乗じる算定率について、たとえば三%、二%、一%、〇%というような、四段階程度の簡明なものとし、使える制裁金制度とすることが考えられる。

### カルテル以外の三条違反行為に対する制裁

行政制裁金による競争ルールの実効性確保という観点からは、カルテルについてはなんとか摘発して課徴金を課してきているのであって、より深刻なのは、それ以外の三条違反行為である。たとえば、排除型私的独占については、競争への影響が大きいとして、二〇〇九年に算定率六%の課徴金対象行為としたが、一件も摘発できず一件も課徴金を課していない。

カルテル以外の違反行為についても、EUでは行政制裁金を課して、米国では三倍額損害賠償責任を負わせて、競争ルールの実効性の確保を図っている。すなわち、カルテル以外の三条違反行為について、日本では制裁制度が全く機能しておらず、使える制裁金制度を設けて競争ルールの実効性を確保する必要がある。

上限金額について、違反対象商品売上高算定率二〇%で一本化して、公取委がその規則で、カルテル以外の違反行為の上限金額を六%とする旨約束して解決できると簡明である。しかし、将来的に公取委が一方的に上限金額を引き上げることになりかねないという反対論がある。そこで、同じ三条違反行為でも、カルテル以外の違反行為は、違反の重大性も施行実績もカルテルとは全く異なるために、上限金額として三%程度の対象商品売上高算定率を定めることが考えられる。

また、カルテル以外で、制裁金を課して違反抑止を図るべき重大な違反行為は、排除型私的独占に該当する行為および共同の取引拒絶や垂直的価格制限に該当する行為にほぼ絞られる。そこで、改正後に、「不当な取引制限に係る独占禁止法上の指針」を公表し、不当な取引制限の相互拘束に、カルテル、共同の取引拒絶、業務提携、垂直的価格制限、垂直的非価格制限という、共同行為の行為類型を含むことを明らかにすることが相当である。

ちなみに、不公正な取引方法のうち、共同の供給拒絶、再販売価格の拘束、不当廉売、差別対価について一〇年間に二度行った事業者に課徴金を課す現行制度は、これまで一〇年間に二度、同一違反行為について排除措置等を命じた事例はなく、初めから課徴金を課すことは想定していない制度であってほとんど存在価値がない。

### 不公正な取引方法の日本固有の規制への純化

不公正な取引方法の解体については、自由競争減殺型の不公正な取引方法を廃止して、法定禁止行為として優越的地位の濫用を、指定禁止行為として競争者に対する取引妨害等不正競争行為を定めるものとする必要がある。もっとも、この法改正は、すでに行政制裁金の導入が実現し、判例法として行為類型ごとの単一ルールも確立した後の戦い終わっての後始末的な法改正となる。その時点には、赤子の手をひねるよりも簡単な法改正となろう。

### 改革の速度は読めない

私は、内閣府独禁法基本問題懇談会(以下、基本問題懇談会という)において、行政審判を廃止して裁量型課徴金を創設すべきことを強く主張した。ところが、基本問題懇談会は二〇〇七年に、行政審判の取扱いについては事前行政審判に戻せという結論になった。また、裁量型課徴金制度については、公取委がその導入に否定的であったため取り下げざるを得なかった。いくら理論上正しくとも、当該制度を執行する当局が使いこなせない、使い勝手が悪いと言っている制度を導入するわけにもいかないという論理が説得力を持ち、自説を撤回せざるを得なかった。要するに、行政審判の廃止と裁量型課徴金の導入に関して全面敗北で終わった。その時には、最低でも、二〇年間以上自分が八〇歳近くになるまで自己の主張が何一つ実現しないことを覚悟した。

ところが、現実には、その八年後の二〇一五年に行政審判の廃止が実現した。公取委は二〇一四年に内閣府独占禁止法審査手続懇談会で、裁量型課徴金制度の創設に積極的な方針に転じ、二〇一六年に一応裁量型課徴金に関する研究会を立ち上げた。

とまれ、基本問題懇談会報告書公表時の二〇〇七年時点に立ち戻ると、二〇一六年にこのような状況になっていることは奇跡に近い。

事後規制全般への行政制裁金制度の導入は、審判廃止と比べて、はるかに必要性を理解しやすい法改正である。しかし、これからの最もむずかしいかつ最大の法改正事項である。課徴金の基本算定率を六％から一〇％に引き上げるという二〇〇五年改正でも、その当時の与謝野馨政調会長、柳沢伯夫政調会長代理がやや強引に自民党サイドの了承を取り付けてようやく実現できたのだ。

現在の私の夢は、独占禁止法制定八〇周年を迎える二〇二七年ごろに、不要になった不公正な取引方法の廃止により不公正な取引方法の日本固有の規制への純化を成し遂げて、国際標準の競争法制を実現することである。これまた先のことは読めないというのが現実であろう。しかしながら、日本の企業結合規制の変遷が物語るように、時間がかかっても最後にはあるべき姿に到達する。

それにしても過去三回の改正を経て独禁法は大きく変わった。二〇〇五年刊行の岩波新書初版と読み比べてもらうと、実感を持って理解してもらえると思う。さらには、最終目標まで見えてきている。学者としてこのような時期に筆を進めることができたことを何よりも幸運だったと思う。

二〇一六年一一月

村上政博

# 索　引

## さ 行

## た 行

## ま 行



## や 行



## ら 行

村上政博

1949年北海道生まれ．1972年東京大学法学部卒業．弁護士，公正取引委員会，横浜国立大学教授，一橋大学教授などを経て
現在一一橋大学名誉教授，成蹊大学客員教授
専門一経済法
著書一『独占禁止法　第7版』『国際標準の競争法へ』『アメリカ独占禁止法　第2版』『EC競争法　第2版』(以上，弘文堂)『独占禁止法の新展開』(判例タイムズ社)『独占禁止法における判審決分析の役割』(商事法務)ほか多数．

独占禁止法 新版
—国際標準の競争法へ　　岩波新書(新赤版)1638

2017年1月20日　第1刷発行

著　者　村上政博《むらかみまさひろ》

発行者　岡本　厚

発行所　株式会社 岩波書店
〒101-8002 東京都千代田区一ツ橋2-5-5
案内 03-5210-4000　営業部 03-5210-4111
http://www.iwanami.co.jp/

新書編集部 03-5210-4054
http://www.iwanamishinsho.com/

印刷・三陽社　カバー・半七印刷　製本・中永製本


ISBN 978-4-00-431638-1　　Printed in Japan

# 岩波新書新赤版一〇〇〇点に際して

ひとつの時代が終わったと言われて久しい。だが、その先にいかなる時代を展望するのか、私たちはその輪郭すら描きえていない。二〇世紀から持ち越した課題の多くは、未だ解決の緒を見つけることのできないままであり、二一世紀が新たに招きよせた問題も少なくない。グローバル資本主義の浸透、憎悪の連鎖、暴力の応酬——世界は混沌として深い不安の只中にある。

現代社会においては変化が常態となり、速さと新しさに絶対的な価値が与えられた。消費社会の深化と情報技術の革命は、種々の境界を無くし、人々の生活やコミュニケーションの様式を根底から変容させてきた。ライフスタイルは多様化し、一面では個人の生き方をそれぞれが選びとる時代が始まっている。同時に、新たな格差が生まれ、様々な次元での亀裂や分断が深まっている。社会や歴史に対する意識が揺らぎ、普遍的な理念に対する根本的な懐疑や、現実を変えることへの無力感がひそかに根を張りつつある。そして生きることに誰もが困難を覚える時代が到来している。

しかし、日常生活のそれぞれの場で、自由と民主主義を獲得し実践することを通じて、私たち自身がそうした閉塞を乗り超え、希望の時代の幕開けを告げてゆくことは不可能ではあるまい。そのために、いま求められていること——それは、個と個の間で開かれた対話を積み重ねながら、人間らしく生きることの条件について一人ひとりが粘り強く思考することではないか。その営みの糧となるものが、教養に外ならないと私たちは考える。歴史とは何か、よく生きるとはいかなることか、世界そして人間はどこへ向かうべきなのか——こうした根源的な問いとの格闘が、文化と知の厚みを作り出し、個人と社会を支える基盤としての教養となった。まさにそのような教養への道案内こそ、岩波新書が創刊以来、追求してきたことである。

岩波新書は、日中戦争下の一九三八年一一月に赤版として創刊された。創刊の辞は、道義の精神に則らない日本の行動を憂慮し、批判的精神と良心的行動の欠如を戒めつつ、現代人の現代的教養を刊行の目的とする、と謳っている。以後、青版、黄版、新赤版と装いを改めながら、合計二五〇〇点余りを世に問うてきた。そして、いままた新赤版が一〇〇〇点を迎えたのを機に、人間の理性と良心への信頼を再確認し、それに裏打ちされた文化を培っていく決意を込めて、新しい装丁のもとに再出発したいと思う。一冊一冊から吹き出す新風が一人でも多くの読者の許に届くこと、そして希望ある時代への想像力を豊かにかき立てることを切に願う。

（二〇〇六年四月）